反恐怖融资战略体系研究

刘磊／谢玉科·著

时事出版社
北京

图书在版编目（CIP）数据

反恐怖融资战略体系研究/刘磊，谢玉科著.—北京：时事出版社，2022.2
ISBN 978-7-5195-0462-5

Ⅰ.①反… Ⅱ.①刘…②谢… Ⅲ.①反恐怖活动—融资—研究—世界 Ⅳ.①D815.5

中国版本图书馆 CIP 数据核字（2021）第 266555 号

出版发行：时事出版社
地　　　址：北京市海淀区彰化路 138 号西荣阁 B 座 G2 层
邮　　　编：100097
发 行 热 线：(010) 88869831　88869832
传　　　真：(010) 88869875
电 子 邮 箱：shishichubanshe@sina.com
网　　　址：www.shishishe.com
印　　　刷：北京良义印刷科技有限公司

开本：787×1092　1/16　印张：12.25　字数：190 千字
2022 年 2 月第 1 版　2022 年 2 月第 1 次印刷
定价：90.00 元
（如有印装质量问题，请与本社发行部联系调换）

前　言

长期以来，恐怖主义以其血腥的暴力活动为显著标志，在世界各地制造混乱，以空前的破坏力、冲击力和影响力，给世界政治、经济、军事，以及国际关系、国际秩序带来深刻的变化，成为国际社会共同面临的严峻安全挑战。近年来，随着经济全球化的推进和信息技术的发展，恐怖主义不仅由集团化、规模化向多中心、扩散化转变，而且不断转向网络化、高科技化。可以说，恐怖主义已经成为世界和平与人类福祉的主要威胁。

恐怖融资作为维持恐怖组织生存并支持其从事恐怖活动的资金基础，是恐怖主义的驱动力，打击恐怖融资已成为国际社会的优先事项。金融行动特别工作组、联合国、国际货币基金组织、世界银行等国际组织纷纷倡导在全球构建反恐怖融资国际标准，推动世界各国在立法、机构和机制上构建反恐怖融资体系，有力保护国际金融系统不被滥用，釜底抽薪，切断恐怖分子可资利用的资源和渠道，铲除恐怖主义生存的土壤。

我国作为世界最大的发展中国家，正逐步走向世界舞台的中央。我国面临的恐怖袭击风险和洗钱风险都较高，两者叠加使得我国也面临着中等水平的恐怖融资威胁。我国一向主张反对一切形式的恐怖主义，倡导加强国际合作，标本兼治，防范和打击恐怖活动，努力消除恐怖主义产生的根源。《国务院办公厅关于完善反洗钱、反恐怖融资、反逃税监管体制的意见》明确指出："反洗钱、反恐怖融资和反逃税监管体制机制是建设中国特色社会主义法制体系和现代金融监管体系的重要内容，是推进国家治理体系和治理能力现代化、维护经济社会安全稳定的重要保障。"我国通过构建包括刑事立法、行政法规、行业规范和要求在内的多层次、系统化、立体式的反恐怖融资法律体系，建立了多部门共同参与的反恐怖融资工作机制，并通过定向金融制裁、涉恐资金冻结等配套制度确保反恐怖融资各项措施落到实处。2019年，金融行动特别工作组通过我国的第四轮反洗钱和反恐怖融资互评估报告，但同时也指出了我国反恐怖融资中存在处罚力度不够、特定非金融行业监管虚化等问题。

在这样的背景下，对恐怖融资进行一个全面的理论分析，搞清楚恐怖融资的前世今生，对于我们完善反恐怖融资体制机制有着重要的理论和现实意义。本书是国内为数不多的专门研究恐怖融资的著作之一，刘磊结合对国际国内现实的思考和研究，对恐怖融资理论和实践进行了分析，同时吸纳了谢玉科关于反恐怖融资战略体系的大量思考，特别是梳理分析了我国通过金融行动特别工作组第四轮互评估的新进展等内容。两位笔者撰写本书的目的，是希望通过对恐怖融资的理论分析和国际反恐怖融资机制的实践分析，为我国做好反恐怖融资工作提供一套分析框架、一种分析思路，抛砖引玉。

本书立足马克思主义基本观点和立场，结合经济学的基础理论，对恐怖融资从需求侧、供给侧以及流通转移渠道三个方面进行理论分析，并通过比较分析国际组织和部分发达国家反恐怖融资体系和具体做法，以为我国反恐怖融资提供参考和借鉴。本书在一定程度上完善了恐怖融资理论研究体系，丰富了反恐怖融资理论的研究成果，具有重要的理论意义。同时，从实践角度对国际反恐怖融资机制进行分析，对于我国完善反恐怖融资战略和机制有着重要的现实意义。

要说明的是，由于恐怖融资研究属于新兴研究领域，而恐怖组织和恐怖分子的行为存在极大的隐秘性。在恐怖融资研究中，不仅相关研究资料较少，而且大部分数据无法进行公开查阅，在文献资料的获取方面存在相当大的不确定性。因此，本书在文献资料获取，特别是数据获取

| 前 言 |

方面存在极大的困难，在可能的情况下，本书已采用最新公开的统计数据，但是相对于其他学科和主题的研究来说，这些数据依然显得过于陈旧。相对于恐怖融资具体数据，恐怖组织或恐怖分子所做的包括金融活动在内的政治经济决策是恐怖融资的核心，也是我们理解恐怖融资的关键。关注恐怖融资的流量比存量更为重要，也就是说掌握一个恐怖组织所拥有财富的绝对值远远没有了解这个恐怖组织的财富是如何构成的，以及何时、何地、以何种方式获取和使用这些财富更为重要、更有意义。

目录 Contents

第一章　恐怖融资理论研究现状 …………………… (1)
　第一节　对恐怖融资的界定 …………………………… (4)
　第二节　关于恐怖融资的研究 ………………………… (7)
　第三节　本书的研究思路 ……………………………… (13)

第二章　恐怖融资的基础理论分析 …………………… (15)
　第一节　恐怖主义与经济学 …………………………… (15)
　第二节　恐怖融资的经济学分析思路 ………………… (21)
　第三节　恐怖融资与洗钱的理论分析 ………………… (31)

第三章　恐怖融资的需求侧分析 ……………………… (37)
　第一节　恐怖袭击的直接成本 ………………………… (39)
　第二节　恐怖组织的运营成本 ………………………… (44)
　第三节　恐怖融资需求侧案例分析 …………………… (46)

第四章　恐怖融资的供给侧分析 ……………………… (49)
　第一节　外部资助 ……………………………………… (50)
　第二节　自我融资 ……………………………………… (55)

第三节　恐怖组织融资方式的多元化趋势 …………………（74）

第五章　恐怖融资的流通转移渠道分析 ……………………（86）
第一节　正规的金融系统 …………………………………（87）
第二节　非正规价值转移体系 ……………………………（89）
第三节　基于贸易的价值转移 ……………………………（96）
第四节　虚拟货币等新兴途径 ……………………………（99）

第六章　国际反恐怖融资战略体系 …………………………（108）
第一节　国际组织反恐怖融资战略体系 …………………（109）
第二节　美国反恐怖融资战略体系 ………………………（123）
第三节　英国反恐怖融资战略体系 ………………………（136）
第四节　俄罗斯反恐怖融资战略体系 ……………………（143）
第五节　国际反恐怖融资战略体系协同 …………………（147）

第七章　中国通过 FATF 第四轮互评估 ……………………（153）
第一节　中国与金融行动特别工作组 ……………………（153）
第二节　金融行动特别工作组互评估基本情况 …………（155）
第三节　金融行动特别工作组对中国第四轮互评估结果 ……（158）

结　语 …………………………………………………………（167）

参考文献 ………………………………………………………（170）

第一章 恐怖融资理论研究现状

二战以来，尤其是20世纪90年代以来，经济全球化不断推进，信息技术飞速发展，金融和贸易自由化程度大幅提升。这一方面为资源的有效配置创造了良好的条件，另一方面也带来了许多新的问题，比如恐怖主义在全球范围的迅速蔓延已经严重威胁到人类的生存与发展。如何应对恐怖主义的威胁已经成为21世纪必须面对的重要问题。

根据2020年11月全球恐怖主义数据库的最新统计，1970—2019年，全球恐怖主义袭击事件有201183件，仅仅是2019年，全球发生恐怖袭击事件8495起，致死13826人。虽然恐怖主义造成的死亡人数在2014年达到峰值后持续下降，但恐怖主义依然是一个全球性现象。2019年，有63个国家的恐怖活动存在致人死亡的情况，其中17个国家的致死人数超过100人。[①] 2020年，在全球新冠肺炎疫情大流行和美国一意孤行强推大国竞争的背景下，国际暴恐形势更显乱象叠加，"伊斯兰国"、"基地"组织等主要国际暴恐势力在中东、非洲、南亚等地缘破碎带的活动和威胁加剧，而美欧极右翼恐怖威胁发酵并引发新型族群和文明冲突，成为国际反恐面临的新问题。[②] 北美、西欧和大洋洲的极右翼恐怖活动持续增长，2019年极右翼恐怖袭击较

[①] National Consortium for the Study of Terrorism and Responses to Terrorism (START), University of Maryland, "The Global Terrorism Database (GTD)", https://www.start.umd.edu/gtd.

[②] 中国现代国际关系研究院：《国际战略与安全形势评估2020/2021》，时事出版社2021年版，第330页。

2014年增长250%，而死亡人数增长709%。① 根据世界经济论坛发布的《2021年全球风险评估报告》，有58%的被调查者认为以新冠肺炎疫情为代表的传染病是最严重的风险，同时有37.8%的被调查者认为恐怖袭击是最严重的风险。

恐怖主义袭击不分种族、宗教和国别，随时随地对无辜民众发起挑战，从早期马德里火车站爆炸事件，到2018年法国、瑞士等国频繁爆发的恐怖袭击，再到近期发生的多起恐怖袭击事件，比如：2018年11月23日，中国驻巴基斯坦卡拉奇领事馆遭到3名恐怖分子的袭击，导致2名巴基斯坦警察身亡；2019年3月15日，新西兰克赖斯特彻奇市遭遇恐怖袭击，造成49人死亡、48人受伤；2019年4月21日，斯里兰卡接连发生8起爆炸，造成290人死亡、超过500人受伤；2020年2月19日，德国哈瑙发生的恐怖袭击，造成10人死亡、多人受伤；2021年1月21日，伊拉克首都巴格达连续发生两起自杀式炸弹袭击，造成至少32人死亡、数十人受伤。这些恐怖袭击的目标都是平民，既造成了重大的人员伤亡与财产损失，同时也加剧了社会恐慌。

为应对日益猖獗的恐怖主义威胁，世界各国都加大了反恐斗争力度，尤其是"9·11"事件以来，国际社会反恐斗争进入新的历史阶段。国际社会分别从军事、情报、金融、执法、外交等五个领域，正式全面拉开了全球反恐斗争的序幕，致力于打压恐怖主义的嚣张气焰，不给他们制造恐怖袭击的机会。然而，反恐怖主义斗争的效果却并不明显，世界各地的恐怖袭击事件仍在持续发生。其中一个重要的原因就是国际社会并没有铲除恐怖主义的经济源头，没能全方位地彻底切断恐怖融资链条。

金钱是恐怖分子的生命线，对于恐怖组织作用重大。金钱是恐怖主义的驱动力，没有它，恐怖组织将无法运作。美国总统小布什曾公开表示，"金钱是恐怖分子的生命线，全球必须切断与恐怖分子的任何金钱

---

① National Consortium for the Study of Terrorism and Responses to Terrorism (START), University of Maryland, "The Global Terrorism Database (GTD)", https://www.start.umd.edu/gtd.

往来。"① 摧毁恐怖融资网络，阻断其资金流动渠道，是打击恐怖主义、取得反恐斗争胜利最有力的措施。世界各国通力合作，通过自身强大的情报系统或经济力量，逐步瓦解恐怖融资网络，摧毁恐怖组织经济基础，通过互通金融信息深挖恐怖组织的巢穴和网络，通过冻结涉恐资产造成恐怖分子财源紧张，对于打击恐怖主义具有显著作用。然而，在经济全球化不断深化的背景下，信息、资金、人员、货物的全球化流动，在促进全球经济增长和世界生产效率提高的同时，也可能给恐怖组织和恐怖分子提供某些便利。特别是在金融服务业方面，在经济全球化之前，货币与银行都具有本地化特征，跨境交易较为缓慢且服务费昂贵，政府部门可以方便地监控国内金融机构的跨境金融活动。而经济全球化深化之后，货币和银行的国际化进程不断加快，金融创新加速发展，各国政府部门难以有效监管国际金融机构，从而在相当程度上让恐怖组织有机可乘。恐怖组织也改变了其融资的模式，不仅改变了募集资金的来源与渠道，也改变了资金在恐怖组织与全球化金融体系中的流通形式，这在一定程度上加大了反恐怖融资的困难。

因此，反恐怖融资受到了全球多数国家的重视，其中包括执法部门、情报部门、金融监管部门、立法部门等政府部门，银行、证券公司、珠宝商、保险公司、旅行社以及其他与恐怖融资相关的部门。反恐怖融资还涉及慈善机构、"哈瓦拉"（Hawala，中东地区常用类似地下钱庄性质的非正规价值转移体系）等以往不受监管的高风险领域。通过世界各国的共同努力，全球反恐怖融资工作成就斐然，恐怖组织筹集资金和转移资金的难度、成本和风险都在不断提高。同时，通过冻结和没收恐怖分子的资产，切断已知的恐怖融资转移渠道，摧毁恐怖组织金融基础设施，对恐怖分子使用全球金融体系设置了诸多障碍和监控措施。

---

① Bush G. W., O'Neill P. and Powell C. L., "President Freezes Terrorists'Assets Remarks by President Bush, Secretary of the Treasury O'Neill and Sectetary of State Powell on Executive Order", White House, September 24, 2001, https://georgewbush‐whitehouse.archives.gov/news/releases/2001/09/20010924‐4.html.

从理论层面来看，恐怖融资本质上是个政治性、主观性、不确定性极强的研究主题，是一个需要从安全角度进行考察的政治问题。实际上，恐怖融资研究可能会涉及国际政治、国际经济、反洗钱、金融监管、国际法、国际安全、全球治理、全球化等多个研究领域，是一个跨学科、多领域交叉学科的研究，难以被准确划归到目前的任何一个学科中。

作为一个专门的研究主题，恐怖融资是近几十年才出现的。最早的研究恐怖融资的专著是 1986 年詹姆斯·亚当斯（James Adams）出版的《恐怖融资》（The Financing of Terror）一书。该书对当时的爱尔兰共和军以及巴勒斯坦和哥伦比亚恐怖组织的资金来源进行了研究。亚当斯指出："在所有关于恐怖主义的文章中，没有看到对恐怖组织筹措资金和支出资金的研究。"① 他认为，执法机构和政府应当分配尽可能多的资源来追踪恐怖分子的资金。然而，亚当斯也仅聚焦于恐怖组织通过非法渠道筹措资金，而忽略了资金的流动；仅聚焦于恐怖主义筹资，而忽略了恐怖主义资金的转移。此后，关于恐怖融资的研究越来越多，特别是在 2001 年美国提出"金融反恐"之后，世界各国对恐怖融资的研究不断深入。

第一节　对恐怖融资的界定

1999 年，联合国发布了《制止向恐怖主义提供资助的国际公约》，明确地阐述了恐怖融资的内涵：任何人不管采取何种手段，只要其意图是资助恐怖活动，那么其筹集或募捐资金的行为都可被看作恐怖融资，即便部分资金还没有被用于恐怖活动。具体来说，资助恐怖活动，以共犯的形式为恐怖活动筹集资金，组织或唆使他人、团体等资助恐怖主义

---

① James Adams, "The Financing of Terror", London: New English Library, 1986, p. 3.

活动,都可被列为恐怖融资的范畴。另外,联合国《制止向恐怖主义提供资助的国际公约》规定,恐怖融资的资金形式多样,不论是有形或无形资产,还是动产或不动产,只要其具有资助恐怖活动的性质,则界定为恐怖融资。具体来说,电子或数字形式的产权、法律文件、银行贷记、旅行支票、债券、信用证等,不管它是以何种手段、何种方式获得,或者以何种形式存在,只要被用于恐怖活动,就属于恐怖融资的范畴。2001年,联合国安理会第1373号决议对"资助恐怖主义行为"进行了解释:任何人只要存在资助恐怖活动的动机,不管其采取何种手段向恐怖主义提供或筹集资金,或者知晓资金用于恐怖活动仍然提供或筹集资金,均构成"资助恐怖主义行为"。

国际货币基金组织(IMF)认为,恐怖融资是指募捐、收集或提供资金,用来支持恐怖组织或恐怖活动。参与恐怖融资的个体或实体不一定掩盖其资金来源,但会隐瞒其融资和资助的性质。[1]

国际刑警组织指出,通过合法或非法的手段,向恐怖组织或其所属组织提供资金等均属于恐怖融资。[2]

我国《金融机构报告涉嫌恐怖融资的可疑交易管理办法》(中国人民银行令〔2007〕第1号)规定,恐怖融资具体包括以下行为:(1)恐怖组织、恐怖分子募集、占有、使用资金或者其他形式财产。(2)以资金或者其他形式财产协助恐怖组织、恐怖分子以及恐怖主义、恐怖活动犯罪。(3)为恐怖主义和实施恐怖活动犯罪占有、使用以及募集资金或者其他形式财产。(4)为恐怖组织、恐怖分子占有、使用以及募集资金或者其他形式财产。

学界对恐怖融资的定义则由于其跨学科属性而各有侧重。戈德

---

[1] IMF, "What is Financing of Terrorism?", IMF 网站:http://www.ifm.org/external/np/leg/amlcft/eng/aml1.htm.

[2] Ronald K Noble, "The Links between Intellectual Property Crime Andt Errorist Financing", Text of Public Testimony of Ronald K Noble, Secretary General of Interpol, Before the United States House Committee on International Relations one Hundred Eighth Congress, July 16, 2003, p.1. 转引自肖宪、刘军:《恐怖资金来源问题研究》,《现代国际关系》2008 年第 11 期。

(Gocde）基于"金钱是恐怖主义的生命线"这一论断,认为恐怖融资并不能包含在腐败、洗钱或诈骗等国际社会政治经济问题研究中,而应仅作为与反恐怖主义相关的一个国际关系问题。[①] 蒂姆西·维蒂格（Timothy Wittig）认为恐怖融资是与个体层面政治经济关系密切相关的国际安全问题,是恐怖分子在给定的政治经济条件下进行的能力变化及价值转换。[②] 徐以升和马鑫认为,"恐怖融资指有意识地为各种形式的恐怖活动提供各种形式的资产。"[③]

尽管世界各国对什么是恐怖主义一直难以达成共识,对恐怖融资的定义有多种表述和侧重点,联合国强调恐怖融资的资产形式,国际货币基金组织注重恐怖融资的过程和形式,中国人民银行侧重恐怖融资的形式和监测机制,但其本质是一致的,即"以各种形式资助恐怖主义",这对于国际社会建立反恐怖融资合作机制是极为有利的。本书也参照这一定义,将恐怖融资界定为"以各种形式资助恐怖主义",同时结合经济学的需求供给理论,从恐怖融资需求侧（恐怖融资的用途）、恐怖融资供给侧（恐怖融资的来源）以及恐怖融资的流通（恐怖融资的流通转移渠道）三个维度来进行理论分析,以全面认识和理解恐怖融资。

而反恐怖融资则是指采取各种强制或非强制手段,对恐怖融资活动进行打击、遏制、预防的行为。1999年,联合国公开发表了《制止向恐怖主义提供资助的国际公约》,呼吁并引导全世界协同一致共同打击恐怖融资。国际反洗钱组织金融行动特别工作组（FATF）在"9·11"事件之后决定将工作目标由反洗钱扩大到预防和打击恐怖融资。为此,金融行动特别工作组特地颁布了《反洗钱40项建议》《反恐怖融资第9项特别建议》等纲领性文件,为各国开展反恐怖融资工作提供了思想纲领与工作指导。国际货币基金组织也与世界银行、埃格蒙特集团、金融

[①] Marieke de Goede, "Money Media and the Anti-politics of Terrorist Finance", European Journal of Cultural Studies, Vol. 11, No. 3, 2008, pp. 289–310.

[②] Timothy Wittig, "Understanding Terrorist Finance", New York: Palgrave Macmillan, 2011, p. 162.

[③] 徐以升、马鑫:《金融制裁》,中国经济出版社2015年版,第106页。

行动特别工作组协同合作,共同颁布了《评估反洗钱和打击资助恐怖主义标准遵守情况的办法》,推动以统一方式进行反洗钱和反恐怖融资评估。

第二节 关于恐怖融资的研究

关于恐怖融资的研究,一般从恐怖融资的规模、来源、转移渠道、危害、与洗钱的关系以及反恐怖融资机制等方面进行。

一是研究恐怖融资的基本情况。张博隆从行为主体、行为方式、资金范围和社会危害四个维度对恐怖融资的概念进行了研究,将恐怖融资定义为:"为运营恐怖组织或实施恐怖活动而筹集或占有各种来源的资金的行为,以及与之相配套的资金提供行为、掩盖资金来源与用途的转移行为以及保值增值行为。"[1] 徐方[2]、方金英[3]等以本·拉登为案例对象,通过研究其融资方式与融资渠道,深入剖析了"基地"组织融资的方式和特征。本·拉登作为恐怖组织的代表人物,拥有庞大的恐怖融资网络,除了继承上亿美元的遗产之外,还在中非各国开办了一些合法公司,并通过珠宝走私等其他非法活动募集资金。

2010年时任美国财政部负责恐怖融资事务的助理部长戴维·科恩(David S. Cohen)在美国外交关系委员会发表的讲话中明确表达了打击恐怖融资的逻辑:资金是恐怖组织赖以生存的重要因素,在恐怖行动中与人员、武器和意识形态一样重要。恐怖组织所需要的资金远远超出了针对特定攻击所花费的资金,恐怖组织需要稳定而庞大的资金用于向恐怖组织成员发津贴,为他们的家人提供抚恤金和赡养费,招募新成员并

---

[1] 张博隆:《国际社会反恐怖融资问题研究及其对我国反恐工作的启示》,中国人民公安大学2009年学位论文,第10—14页。
[2] 徐方:《恐怖组织网络化趋势下恐怖融资研究》,复旦大学2009年学位论文。
[3] 方金英:《拉丹恐怖资金网内幕和世界金融反恐情况》,《国际研究参考》2002年第2期,第6—10页。

进行训练，运送人员跨境，贿赂相关政府官员以及进行意识形态宣传和渗透。对于执法机构来说，如果能够阻断恐怖融资的来源和渠道，摧毁恐怖组织资金转移渠道和网络，压缩恐怖组织资金支持网络，将可以有效打击恐怖主义。[1]

二是研究恐怖融资的主要来源。美国前情报官员约翰·卡萨拉（John Cassara）等认为恐怖组织有三个主要的资金来源：非法方式、合法方式以及国家资助。[2] 蒂姆西·维蒂格（Timothy Wittig）认为恐怖组织用来购买武器、运送人员、培训及日常开支的主要资金来源包括直接资助、犯罪活动所得以及合法经营所得。[3] 陈浩然认为恐怖融资的来源包括："合法收入"（包含外部资助、慈善捐款和合法生意的收入等）、非法收入（包括强行"征税"、黑市交易以及其他违法但未构成刑事犯罪的活动收入）以及犯罪收益（包括抢劫、走私、绑架等犯罪活动收入），同时指出犯罪收益是目前恐怖融资主要的来源渠道。[4] 林泰和在其研究报告《国际恐怖主义的资金流动》中认为，有组织犯罪在恐怖融资中的占比日益增加，是其主要的资金来源渠道。[5] 理查德·H. 华特（Richard H. Ward）表示恐怖融资主要来源于犯罪收益，比如靠贩卖、走私武器、毒品等赚取的利润，近几年来，恐怖组织集团更多的是通过毒品贸易筹集活动经费。[6] 徐晨认为，恐怖主义的"合法收入"虽然比重较小，却是恐怖组织的传统项目，具有极强的目标性。[7] 而薛亮

---

[1] Timothy Wittig, "Understanding Terrorist Finance", New York: Palgrave Macmillan, 2011, p. 44.
[2] John Cassara and Avi Jorisch, "On the Trail of Terror Finance: What Law Enforcement and Intelligence Officers Need to Know", Washington, D. C.: Red Cell Intelligence Group, 2010, p. 11.
[3] Timothy Wittig, "Understanding Terrorist Finance", New York: Palgrave Macmillan, 2011, p. 7.
[4] 陈浩然：《反洗钱法律文献比较与解析》，复旦大学出版社 2013 年版，第 13—14 页。
[5] 林泰和：《国际恐怖主义的资金流动》，《问题与研究》2011 年第 1 期，第 112 页。
[6] Richard H. Ward, "The Economics of of Terrorism", Forum on Crime and SociE. Anthony Wayne, "U. S. Interagency Efforts to Combat Terrorist Financing", Testimony Before the Senate Banking Committee, September 25, 2003, https: //2001 - 2009. state. gov/e/eeb/rls/rm/2003/24623. ht-mety, Vol. 4, Nos. 1 and 2, 2004, pp. 25 - 26.
[7] 徐晨：《防治恐怖主义的国际合作机制研究》，复旦大学 2014 年学位论文，第 107 页。

则认为,恐怖融资的主要来源渠道为"合法收入",占比高达85%以上。① 肖宪、刘军将恐怖融资来源分为盗用慈善资金、走私、贩毒、贩卖人口、劫掠等各类犯罪活动筹集的资金,以及通过合法经营、移民汇款、外国援助等渠道获取的资金。② 纳维叶(M. S. Navier)指出,恐怖组织最重要的融资渠道是国家资助和慈善组织支持。③

三是研究恐怖融资的流通渠道。安东尼·韦恩(E. Anthony Wayne)认为,恐怖组织一般通过非正规金融渠道进行资金转移或募集,比如非正规汇款系统、慈善机构等。④ 马特奥·瓦卡尼(Matteo Vaccani)在研究非正规汇款系统基本特征的基础上,分析了非正规汇款系统与恐怖融资的潜在关系以及国家监管的方式和途径。⑤ 徐以升、马鑫表示恐怖组织主要通过三种方式进行资金转移:依托正规金融机构、借助国际贸易活动和直接转移现金。⑥ 穆罕默德·库尔奇(Mohammed El – Qorchi)等则研究分析了亚洲"哈瓦拉"汇款系统,并提出了相关监管建议。⑦ 童文俊⑧、吴朝平⑨等基于互联网背景,探讨和分析了恐怖融资的特征以及发展趋势,指出随着互联网技术的应用与发展,恐怖融资渠道进一步拓展,给反恐怖融资工作带来挑战。车丽娟、侯娜认为虚拟货币具有的

---

① 薛亮:《金融反恐法律制度研究》,西南政法大学2006年学位论文,第5页。
② 肖宪、刘军:《恐怖资金来源问题研究》,《现代国际关系》2008年第11期,第13—18页。
③ M. S. Navier, "Global Terrorism and International Finance in the Aftermath of 9/11", in Christopher Ankersen, "Understanding Global Terror", Cambridge:Polity Press, 2007, pp. 180 – 182.
④ Wayne E. A., "U. S. Interagency Efforts to Combat Terrorist Financing", Testimony Before the Senate Banking Committee, September 25, 2003, https://2001 – 2009. state. gov/e/eeb/rls/rm/2003/24623. htm.
⑤ Matteo Vaccani, "Alternative Remittance Systems and Terrorism Financing:Issues in Risk Management", World Bank Working Paper, NO. 180, 2010.
⑥ 徐以升、马鑫:《金融制裁》,中国经济出版社2015年版,第109页。
⑦ Mohammed El – Qorchi, "Hawala:How does this informal Funds transfer system Work, and should it Be Regulated?", Finance & Development, Vol. 39, NO. 4, 2003.
⑧ 童文俊:《基于互联网的恐怖融资研究》,《上海公安高等专科学校学报》2012年第1期,第70—74页。
⑨ 吴朝平:《移动互联网背景下反洗钱和反恐融资研究》,《南方金融》2014年第10期,第89—90页。

匿名性和跨国流动性等性质特征，导致对其监管难度较大，这给恐怖分子和组织利用虚拟货币进行恐怖融资提供了可乘之机，大大扩展了恐怖组织的资金融通渠道，不利于切断恐怖组织的资金来源。①

四是研究恐怖融资的危害。薛亮总结了恐怖融资带来的负面效应，具体如下：动摇了金融机构的信用基础；威胁国家金融安全；威胁全球经济稳健运行；诱发恐怖袭击的发生。②张博隆认为恐怖融资虽然也会扰乱金融活动管理秩序，但其社会危害主要是通过恐怖活动释放出来，对不特定多数人的生命安全和财产安全带来严重威胁，其社会危害更加严重。③童文俊从多角度分析了传统恐怖融资活动带来的危害以及各国所展开的反恐怖融资工作。④蒂姆西·维蒂格（Timothy Wittig）认为，恐怖融资的真正意义在于其价值链，而非实际的资金及其流动。⑤

五是关于恐怖融资与洗钱的关系。黄卓昊⑥、童文俊⑦对比分析了恐怖融资与洗钱这两个经常同时出现的概念之间的异同，指出：洗钱是犯罪集团将非法敛集的犯罪资金转移并使之合法化的手段，是把"黑钱"洗"白"的活动和过程；而恐怖融资是恐怖组织把各种资金，包括"合法的"和不合法的，用于资助恐怖主义，并利用国内外金融体系或国际贸易活动来转移资金，其中也包括了洗钱过程。实际上，洗钱是恐怖组织转移资金的主要方式，两者之间的联系是天然而密切的。而洗钱与恐怖融资之间的差异也是很明显的，其一，恐怖分子以及恐怖组织并非一定为经济利益所驱动；其二，恐怖融资中会出现合法资金转移

---

① 车丽娟、侯娜：《虚拟货币的恐怖融资风险及其监管应对》，《信息安全研究》2020年第6期，第566—572页。
② 薛亮：《金融反恐法律制度研究》，西南政法大学2006年学位论文。
③ 张博隆：《国际社会反恐怖融资问题研究及其对我国反恐工作的启示》，中国人民公安大学2009年学位论文，第12页。
④ 童文俊：《恐怖融资与反恐怖融资研究》，复旦大学出版社2012年版。
⑤ Timothy Wittig, "Understanding Terrorist Finance", New York: Palgrave Macmillan, 2011, pp. 189 – 191.
⑥ 黄卓昊：《恐怖主义融资犯罪和金融反恐立法研究》，华东政法大学2008年学位论文。
⑦ 童文俊：《恐怖融资与反恐怖融资研究》，复旦大学出版社2012年版。

投入到恐怖活动中的"逆洗钱"行为；其三，恐怖融资所支持的是恐怖主义活动。约翰·卡萨拉（John Cassara）认为，恐怖融资与洗钱的区别主要是洗钱涉及的全部是非法资金，而恐怖融资中则包含了非法与合法资金。① 而宋利红②、张顺③等则不强调恐怖融资和洗钱犯罪的区别，认为恐怖融资就是洗钱犯罪，事实上这种观点代表了我国学者早期对恐怖融资的认识。梅德祥采用沃克洗钱规模测度模型进行推算与评估指出，2011年全球洗钱规模便已经突破了1万亿美元，其中中国的洗钱规模为568.2亿美元。④ 虽然恐怖融资的规模难以准确计算，但肯定以十亿美元为单位。由于犯罪行为产生的非法收益，洗钱规模和恐怖融资规模实际金额必然远远高于学者预计。

六是关于反恐怖融资的机制。莫洪宪在《略论我国的金融反恐》一文中表示，金融全球化趋势的加剧在一定程度上威胁了我国金融安全，必须要加强措施，排除金融隐患，推进金融反恐，以此来保障我国金融安全。⑤ 张梅琳具体分析了恐怖融资渠道、类型、载体等，并构建了恐怖资金监测和识别框架，但遗憾的是，其研究思路仍局限在反洗钱范畴之内。⑥ 童文俊则基于反恐怖融资机制构建了相关的评估体系，选取了2007—2012年的反恐怖融资机制作为样本，通过数据分析来评估这些机制的有效性与可靠性。⑦ 上海大学课题组从金融反恐的角度出

---

① John Cassara and Avi Jorisch, "On the Trail of Terror Finance: What Law Enforcement and Intelligence Officers Need to Know", Washington D. C. : Red Cell Intelligence Group, 2010, p. 15.
② 宋利红：《金融反恐形势分析及对策研究》，《福建警察学院学报》2003年第5期，第20—25页。
③ 张顺：《中国国家反恐战略研究（2001—2011）》，复旦大学2013年学位论文，第40—42页。
④ 梅德祥：《洗钱规模及洗钱影响与我国反洗钱对策研究》，经济科学出版社2017年版，第79、111页。
⑤ 莫洪宪：《略论我国的金融反恐》，《法学评论》2005年第5期，第36—37页。
⑥ 张梅琳：《基于统计监测的金融反恐对策初探》，《统计研究》2006年第12期，第31—35页。
⑦ 童文俊：《基于层次分析法的中国反恐怖融资机制有效性研究》，《金融理论与实践》2013年第11期，第14—19页。

发，建立了恐怖融资检测指标体系，同时对比分析了各国反恐怖融资机制。① 王文华则认为，几年来国际金融反恐效果不佳，主要是因为所采取的措施与人权保障理念相违背。② 塞莉纳·雷鲁约（Celina Realuyo）认为，要增强反恐怖融资的效果，必须加强国际合作，加强国际金融监管。③ 王旭研究了恐怖融资国际合作，认为与国家间情报工作传统上的对抗性不同，反恐怖融资情报国际合作可以大有作为，并为全球反恐怖斗争做出贡献。④ 靳锐⑤、侯合心⑥、范万栋⑦、时吴华⑧等表示在反恐怖融资中，有必要把金融信息摆在重要位置，积极应用大数据等先进技术，对金融、人流、物流、资金流等进行统计分析，提高主动发现恐怖融资行为的能力。金融行动特别工作组（FATF）对新兴恐怖融资威胁的风险进行了探讨，并分析了预付卡、互联网支付等新技术对恐怖融资产生的影响。⑨ 王沙骋针对"一带一路"中的恐怖融资问题和挑战进行了分析，提出在推动"一带一路"倡议过程中要加强对恐怖融资的监测和打击。⑩

整体来看，我国反恐怖融资工作仍处于起步发展阶段，对反恐怖融

---

① 上海大学法治建设与法学理论研究部级课题组：《金融反恐趋势与对策——以指标检测法分析》，华东理工大学出版社 2008 年版。

② 王文华：《论国际金融反恐的现状与反思》，《国际论坛》2008 年第 3 期，第 14—19 页。

③ Celina B. Realuyo, "Combating the Financing of Terrorism", September 18, 2002, https: //2001 - 2009. state. gov/s/ct/rls/rm/14647. htm.

④ 王旭：《关于反恐金融情报国际合作的研究》，上海社会科学院 2018 年学位论文。

⑤ 靳锐：《FATF 恐怖融资类型研究及对我国反恐融资工作的建议》，《金融发展评论》2011 年第 5 期，第 74—79 页。

⑥ 侯合心：《〈全球洗钱及恐怖融资威胁评估体系〉解析与借鉴》，《云南财经大学学报》2012 年第 6 期，第 74—79 页。

⑦ 范万栋：《试论当前恐怖融资运作方式与反恐怖融资对策》，《中国刑警学院学报》2014 年第 4 期，第 12—15 页。

⑧ 时吴华：《金融国策论》，社会科学文献出版社 2015 年版，第 101 页。

⑨ The Financial Action Task Force (FATF), "Emerging Terrorist Financing Risks", October 2015, www. fatf - gafi. org/media/fatf/documents/reports/Emerging - Terrorist - Financing - Risks. pdf.

⑩ 王沙骋：《恐怖融资与对策》，中国人民公安大学出版社 2018 年版，第 204—207 页。

资的理论研究也相对滞后。令人欣慰的是，随着2019年中国通过金融行动特别工作组第四轮反洗钱和反恐怖融资互评估，我国对反恐怖融资的重视程度不断提高，学界对恐怖融资的研究也开始逐渐增加和深入。但同时，我国现有的反恐怖融资研究多数是从洗钱与反洗钱的角度出发，没有重视洗钱与恐怖融资、反洗钱与反恐怖融资之间的差异，没有直接从恐怖融资和反恐怖融资的角度来进行研究与分析，在恐怖融资行为识别、反恐怖融资机制完善等方面还有待加强。

第三节 本书的研究思路

本书从恐怖融资的需求侧、供给侧以及流通渠道三个层次对恐怖融资展开理论分析，探讨其一般规律与本质特征，分析归纳世界反恐怖融资机制和措施，并对我国通过金融行动特别工作组（FATF）第四轮互评估进行简要分析，为反恐怖融资战略和机制提供借鉴参考。

第一章恐怖融资理论研究现状，主要对恐怖融资的界定进行梳理，并从恐怖融资的基本情况、资金来源、流通渠道等方面进行简要的文献综述。

第二章恐怖融资的基础理论分析，提出用经济学研究恐怖主义的可能渠道，并尝试采用理性选择理论和委托代理模型对恐怖融资进行政治经济学分析，为恐怖融资研究奠定基础。

第三、四、五章是本书的主要章节，借鉴经济学的需求供给理论，分别从恐怖融资的需求侧（包括恐怖组织人员招募、技能培训、组织宣传、活动策划与实施等方面）、恐怖融资的供给侧（包括国家资助、慈善捐助、犯罪收益、经营收入等）以及恐怖融资的流通渠道（包括借助金融或非金融体系转移资金、非营利组织资金掩护渠道等）三个方面对恐怖融资进行理论分析。

第六章国际反恐怖融资战略体系，横向对比分析国际反恐怖融资体系。通过分析联合国等国际组织，以及美国、英国、俄罗斯等国家的反恐怖融资法律法规、组织机构以及经验做法等，归纳总结国际反恐怖融资的基本特征。

第七章主要对我国通过金融行动特别工作组第四轮互评估进行简要分析。

第二章 恐怖融资的基础理论分析

恐怖融资水平是恐怖组织能力的一种体现,其一方面受到金融活动的直接影响,另一方面也取决于恐怖分子所处的特定的政治经济环境。本章首先从恐怖主义对经济的影响切入,分析恐怖主义给世界经济带来的巨大损失,并对恐怖主义与经济学之间的关系进行初步分析;其次,尝试针对恐怖组织的金融活动,即恐怖融资,提出经济学分析思路,利用理性选择理论对恐怖融资过程中涉及的恐怖组织领导人、恐怖融资中间人以及一线行动人员的理性选择和委托代理困境进行理论分析;再次,针对理论和实践中经常相伴出现的恐怖融资和洗钱的异同进行理论分析。

第一节 恐怖主义与经济学

恐怖主义在造成人员伤亡和心理恐慌的同时,也会带来巨大的经济损失,其中不仅包括死亡人员的生命损失、医疗救治费用和财产损失等直接成本,还包括生产力和收入水平的下降等间接成本。恐怖主义不仅对恐怖事件发生国的经济造成影响,还对世界经济带来不可忽略的影响,因而采用经济学的方法来分析和研究恐怖主义也就成为一种可能,成本收益分析、消费替代理论、社会收入理论等都可以用来分析恐怖主义。

一、恐怖主义带来的经济损失

虽然恐怖袭击给世界各国带来巨大的威胁,不仅造成人员伤亡,还带来巨大的经济损失,但通常单次恐怖袭击的直接成本相对较低,也就是说对于恐怖袭击来说,其"投入产出比"相当高。澳大利亚经济与和平研究所发布的全球恐怖主义指数涵盖了 163 个国家及地区,覆盖 99.7% 的世界人口,该指数排名越靠前,意味着恐怖主义活动越猖獗。根据该研究所 2020 年发布的最新报告《全球恐怖主义指数报告》,恐怖主义指数排名最高的五个国家依次是阿富汗、伊拉克、尼日利亚、叙利亚和索马里,2019 年这五个国家的恐怖袭击死亡人数占全球 62%。同时,恐怖主义对于国家经济的影响也不容小觑,该报告综合考虑人员伤亡、直接经济损失、医疗支出及生产力损失等因素,并考虑经济乘数和机会成本因素得出,2019 年恐怖主义给全球经济带来的损失达 264 亿美元,较上年下降 25%,已是第五年持续下降,相较于 2014 年的峰值 1160 亿美元,已下降 77%。当然,与包含武装冲突和军事开支等 18 种其他形式的全球暴力总成本 14.5 万亿美元相比,恐怖主义带来的经济损失所占的比例很小。然而,恐怖主义对实际经济造成的损失可能比预想的要更大,因为这些数据中不包括恐怖活动对商业、投资和反恐安全机构相关成本所造成的间接影响。

表 2—1 恐怖主义带来的经济影响变化情况 (2014—2019 年)

(单位:亿美元)

指标	2014	2015	2016	2017	2018	2019
人员受伤带来的损失	13	13	15	6	3.3	2.9
GDP 直接损失	285	276	165	146	135	93
人员死亡带来的损失	839	694	782	397	206	162
财产损失	21	11	16	9	7.3	6.5
合计	1158	994	978	558	351.6	264.4

资料来源:Institute for Economics & Peace, "Global Terrorism Index 2020: Measuring the Impact of Terrorism", Sydney, November 2020, http://visionofhumanity.org/reports。

根据《全球恐怖主义指数报告》,2000 年至今,恐怖主义对国家经济的影响共出现过三次高潮，第一次是 2001 年美国"9·11"事件发生时，第二次是 2007 年的伊拉克战争期间，第三次是 2012 年至今，"伊斯兰国"（"伊拉克和黎凡特伊斯兰国"，Islamic State of Iraq and the Levant，ISIL；"伊拉克和大叙利亚伊斯兰国"，Islamic State of Iraq and al Shams，ISIS）① 在叙利亚和伊拉克所造成的恐怖袭击对世界经济造成较大影响。随着"伊斯兰国"势力快速缩小，恐怖主义对世界经济的影响也开始呈现下降趋势，但仍处于历史高位。

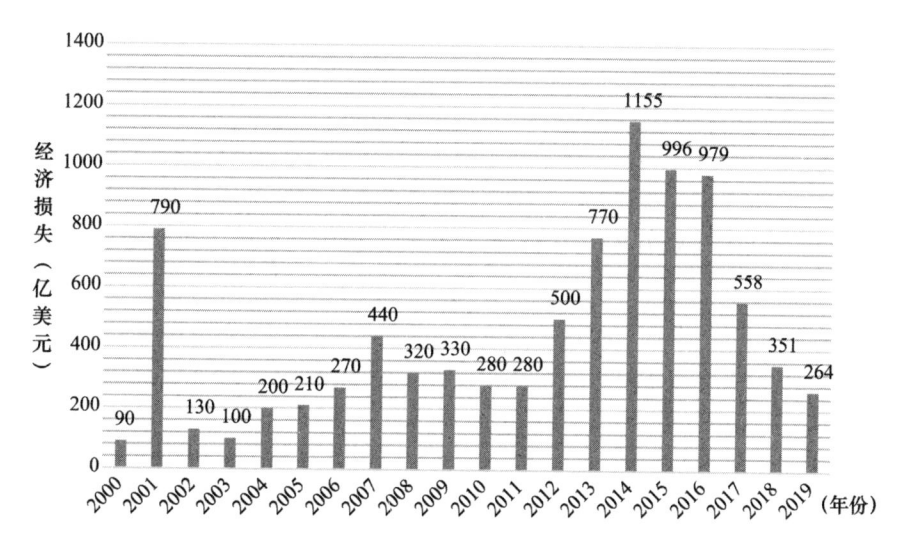

图 2—1　恐怖主义带来的经济损失（2000—2019 年）

资料来源：Institute for Economics & Peace。需要说明的是，IEP 每年会对于之前年度报告的相关数据进行修正调整，此处分别引用了 2020 年和 2019 年的报告，2014—2019 年的数据引自 2020 年报告，其他数据引用自 2019 年报告。

---

① "伊斯兰国"是一个活跃在伊拉克和叙利亚，自称"建国"的极端恐怖组织。其前身是 2006 年在伊拉克成立的"伊拉克伊斯兰国"，该组织的目标是消除二战结束后现代中东国家的边界，在这一地区创立一个由"基地"组织运作的酋长国。自成立以来，"伊斯兰国"制造了多起影响巨大的恐怖袭击事件，成为当前国际社会最大的恐怖主义威胁，被多国列为恐怖组织。

就不同国家而言，中东和北非国家受恐怖主义影响较大。2019年，阿富汗不仅是恐怖主义影响最为严重的国家，也是恐怖主义带来的经济影响最严重的国家，恐怖主义带来的经济影响占其GDP的16.7%，虽然较2018年下降了2.8个百分点，[①] 但其他国家的占比均未超过4%。各国恐怖主义造成的经济损失情况具体见表2—2。

表2—2　2019年恐怖主义造成的经济损失占GDP的比例

排名	国家	恐怖主义造成的经济损失占GDP的比例	2020年恐怖主义指数排名
1	阿富汗	16.70	1
2	叙利亚	3.40	4
3	尼日利亚	2.40	3
4	布基纳法索	1.90	12
5	马里	1.90	11
6	索马里	1.20	5
7	伊拉克	1.10	2
8	也门	1.00	6
9	斯里兰卡	1.00	20
10	中非	0.90	17

数据来源：Institute for Economics and Peace（IEP），"Global Terrorism Index 2020"，November 2020, p. 32。

二、恐怖主义对世界经济的影响

伴随着恐怖主义事件频繁爆发，因此产生的社会心理恐慌也给世界经济带来了不利影响，主要表现在以下几个方面：

第一，影响企业和消费者的信心。恐怖主义事件的频频发生扰乱了

[①] Institute for Economics and Peace（IEP），"Global Terrorism Index 2020"，November 2020, p. 32.

社会秩序，造成了社会恐慌。如同死神来临一般，人们不知道下一场恐怖袭击究竟在何时何地发生，甚至还会担心参与反恐怖活动而引发恐怖组织的蓄意报复，以至于适当地减少了社交，同时也谨慎消费，这在一定程度上抑制了内需。另外，恐怖主义事件的发生加剧了未来市场的不确定性与风险性，投资者的信心也因此遭到重创，市场投资额急剧缩水，股市动荡不安。据调查显示，在"9·11"事件后，道·琼斯指数直线下跌，跌破9000点。

第二，影响国际贸易，阻碍国际经济发展。国际恐怖袭击活动频次的加快，促使各国加大了对进口货物以及出入境人员的监督与管理，由此使国际贸易活动更加艰难，导致出口下降。同时，全球投资者信心受挫也使外国投资减少，国际金融活动活跃度降低。而近年来贸易保护主义重新抬头，美国等西方国家频频以国家安全为由阻拦和干涉外国投资和企业并购等，也多少受到恐怖主义的影响。

第三，威胁国际能源安全，削弱国际经济可持续发展能力。能源是经济发展的重要要素，而恐怖组织也深刻意识到这一点，因此通过能源制约的方式开展恐怖袭击活动，比如在重要能源设施集聚地组织爆炸等，由此威胁到能源安全，进而影响到国际经济发展。

综上，恐怖主义对市场投资、国际贸易、能源安全等都造成严重影响。如何有效地应对恐怖袭击活动，如何灵活规避与减少恐怖活动引起的不利影响，比如能源价格波动、国际贸易减少、出口量下降等，同时如何更好地预防与打击恐怖主义活动，成为当今时代亟待解决的问题，也成为各国面临的艰巨任务。

三、研究恐怖主义的经济学方法

恐怖主义会对国际政治经济造成影响，特别是会带来经济损失，对经济产生巨大的影响。近年来，学术界也开始尝试从经济学的角度思考和分析恐怖主义。马克思和恩格斯曾经利用经济学理论揭示了历史发展的本质与规律，指出信仰、意识形态等上层建筑是由其经济基础决定的。传统经济学主要是为了解决财富增长与经济资源分配的问题，而现代经济学则着力于探讨资源条件受限情况下的机会选择问题。而所谓条件受限则是指从交易、个人特征等角度着手，去分析制约人们选择的条件，比如资源稀缺、法律制度约束等。从这个角度思考，经济学方法就可以用于研究其他社会科学的广泛领域。本书认为，用经济学来分析恐怖主义可以尝试从以下几个方面进行。

第一，采用"成本收益法"分析不同的恐怖袭击方式。按照经济学的解释，大规模的投资，虽然最终获取的收益较多，但是其风险性也会增加；而小规模投资具有周期短、风险平稳、收益快等优势，但收益有限。从成本收益比来看，大投入和小投入各有优势，但是在资源严重受限的情况下，"大投入高产出"并非最佳选择。

从经济学的角度来看，恐怖组织开展恐怖活动主要有以下方式：其一，高投入高产出，即花费较大的代价与成本进行一次大规模的恐怖袭击活动，比如"9·11"事件；其二，中等投入高产出，即精心准备、耗时较长地规划一次恐怖袭击事件，比如暗杀或绑架；其三，低投入高产出，即"短、平、快"地开展恐怖活动，比如自杀式炸弹袭击等。

对于恐怖组织来说，以最小的成本让社会承受更多的损失，或者造成最大规模的人员伤亡是它们喜闻乐见的。无规律地制造一些爆炸事件或恐怖袭击事件，比起购买杀伤力大、成本高的生化武器或重型武器更能够引发民众恐慌，更能够取得较好的恐怖效果。尤其在当前全球反恐高压态势下，恐怖组织可利用的资源日益减少，比起"高投入高产出"的恐怖袭击，具有"短、平、快"优势的汽车炸弹、自杀式袭击等恐怖活动更受恐怖组织青睐。

第二，采用"消费替代"理论分析恐怖袭击目标的变化。对于消费者来说，其需求与商品价格存在密切关系。也就是说，如果某一商品的价格突然上涨，就会把部分价格敏感型消费者排除在外，由此使得商品需求降低。同时，当某种商品价格上涨时，部分消费者也会寻求其他同类替代品，而这种行为也被称作"消费替代"。基于这一理论，恐怖组织会根据行动难度以及风险程度来选择恐怖活动的场所、时间以及攻击目标。如果一项恐怖袭击活动风险大，而且也无法取得较好的效果，那么恐怖组织会放弃这项恐怖活动计划，进而选择其他袭击目标。1973年美国在机场安装了金属探测仪之后，劫机性质的恐怖活动大幅减少。但是恐怖活动并不能完全等同于消费活动，即便安保工作做得再好，也很可能存在漏网之鱼，存在发生劫机的可能性。调查数据表明，美国在机场安装金属探测仪之后，虽然恐怖分子劫机的次数大幅减少，但是成功率却直线飙升，袭击手段也更为高明与先进。除了劫机等恐怖活动之外，恐怖组织还可能会制造其他类型的恐怖事件，而这是一种类似"消费替代"的表现。例如，20世纪80年代，一些国家的驻外使馆频频遭袭。为了避免再次遭受袭击，这些国家加大了对驻外使馆的安保力度，导致使馆外军人暗杀事件增加；这些国家再次加大对军人或商人的保护力度之后，其在外游客遭遇恐怖袭击事件又频频爆发。

第三，采用"社会收入"理论分析恐怖活动存在并频频发生的原因。经济学家加里·贝克尔提出了著名的"社会收入"理论，认为社会收入等于个人收入与他人收入的货币价值之和。基于这一理论基础，可以把本·拉登的恐怖组织看作是一个"家庭"，虽然这个"家庭"某一个成员因为恐怖袭击事件而丧生，但是整个"家庭"获得的收益远远大于损失之和。换句话来说，虽然对于牺牲的个体来说是遭受了巨大损失，但从整个"家庭"的投入产出来看却是值得的，整个"家庭"的收入得到了提高。

第二节 恐怖融资的经济学分析思路

恐怖组织的金融活动不仅是恐怖组织筹集资金的工具，也是恐怖组织与外界社会之间关系的重要表现，还是恐怖组织能力的一种体现。恐怖组织和恐怖分子的金融活动不仅直接影响其恐怖融资水平，还会影响恐怖组织实施恐怖活动的能力，不仅影响其短期决策，还会影响其长期战略决策。本节尝试通过理性选择理论和委托代理模型构建恐怖融资的政治经济学分析框架，从理论层面了解恐怖组织与社会之间的联系，恐怖组织内部的金融结构，以及经济全球化对恐怖主义和恐怖融资的影响。

一、恐怖组织的理性选择

理性选择理论的假设前提是人都是理性的，都追求个人效用最大化。不同于"抽象经济人"以及社会学领域"社会人"假设，"理性人"在社会交往、互动过程中具有主观能动性，以效用最大化作为追求目标，兼具"经济人"与"社会人"的双重属性。"理性人"在追求效用最大化的同时，也受到社会关系的制约，其所追求的除了经济效用外，还包括道德、文化、社会等其他方面的效用。

为理解恐怖组织的决策问题，我们在"恐怖分子对恐怖活动和组合商品的最优选择"中假设：一个恐怖组织把收入 I 分配在恐怖活动 T 和商品组合 Y 上，Y 是对其所需的所有其他商品（比如食品、住宿、医疗等）的实际支出。恐怖分子预算约束 HN 满足 $P_T t + P_Y y = I$，这里 P_T 是进行恐怖活动的价格或单位成本，P_Y 是组合商品的价格。T 和 Y 的偏好可由一般形式的无差异曲线来表示。无差异曲线斜率为负，表明恐怖分子愿意放弃一些组合商品来获得更多的恐怖活动。根据理性选择假设，最优点出现在 C^0 点，在这里 T 和 Y 的边际替代率正好等于恐怖主义的相对价格 P_T/P_Y。如图 2—2 所示。

恐怖分子组织恐怖活动需要大量的经费支持，他们必然尽力维持或增加收入。如图 2—3 所示，假设恐怖组织恐怖融资增加，则恐怖组织的预算约束线从 HN 外移至 H'N'，这样恐怖组织就可以增加恐怖活动，也可以消费更多的组合商品。

而作为反恐怖主义策略的一部分，反恐怖融资通过冻结恐怖组织金融资产和切断恐怖融资资金筹措和转移渠道，减少恐怖组织可用的资源，这与恐怖组织的目标是相反的。这一策略把恐怖分子的预算约束线

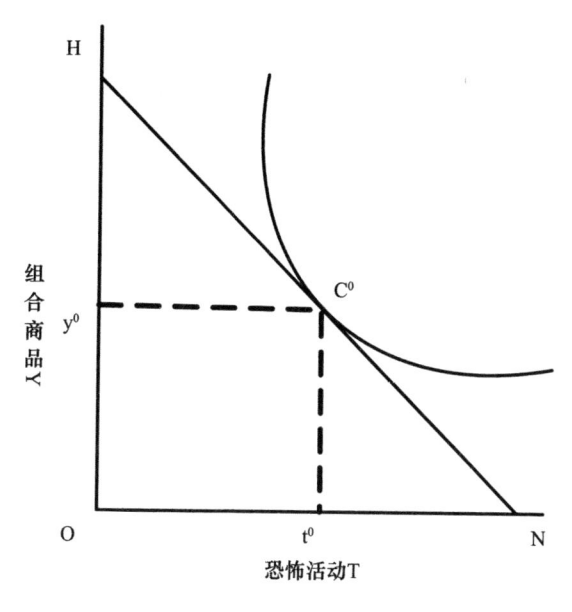

图2—2 恐怖分子对恐怖活动和组合商品的最优选择

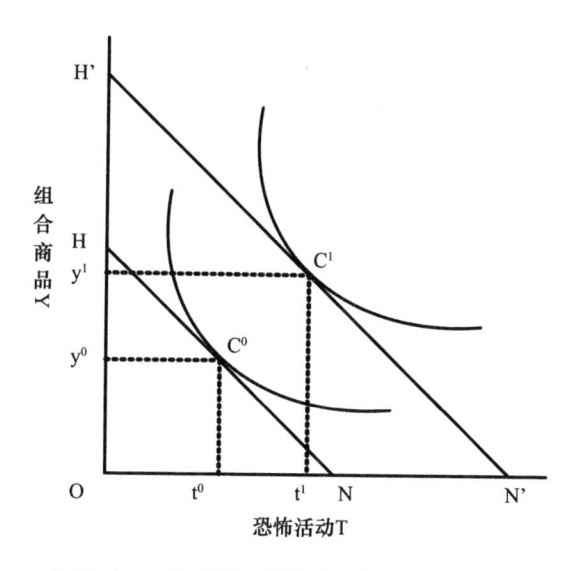

图2—3 恐怖分子预算约束变化后的理性选择

从 H'N' 重新移回至 HN 甚至进一步往内移动，进而降低恐怖组织活动能力。因此，如果恐怖组织对资金越敏感，反恐怖融资措施的效果就越好。此外，如果当前的恐怖活动提高了恐怖组织融资的水平，从而有利于提高未来恐怖组织的资金收入，那么当前的反恐怖融资措施也可以通过影响当前的恐怖融资而削弱该恐怖组织未来的活动能力。

二、恐怖融资的委托—代理困境

为了更好地理解恐怖融资网络中不同角色的选择行为，本书把恐怖组织中涉及恐怖融资的人员角色简化为恐怖组织领导人（委托人）、恐怖融资中间人（代理人）以及一线行动人员三类。

通常来说，恐怖组织领导人需要其恐怖融资网络完成三个基本任务：一是筹措足够的资金；二是保护这些资金，避免其被冻结；三是将这些资金顺利输送至一线行动单元。在完成这三个任务的各个环节，都需要恐怖融资中间人的参与。恐怖融资中间人通常不直接参与风险较大的恐怖袭击活动，因而也不太可能直接成为政府执法部门的目标，即使其成为政府执法部门的目标，通常不会被现场击毙，被捕后也经常受到宽大处理。整体上，恐怖融资中间人比恐怖组织领导人和一线行动人员承担的风险更小。2001年12月在新加坡被破获的"伊斯兰祈祷团"（Jemaah Islamiya, JI）[①] 行动小组，原本负责提供资金给"基地"组织并计划攻击新加坡。事发后，除了直接参与后勤支持的恐怖分子被判两年徒刑外，负责资金筹措的人员全部被释放，只是禁止出境。[②] 美国中央情报局前官员马克·萨格曼博士（Marc Sageman）在其著作《探究恐怖主义网络》（Understanding Terror Networks）中记录了对"基地"组织及其附属机构的366名成员的深度访谈。根据其研究数据，在1997—2003年之间，"基地"组织中的恐怖融资人员很少被击毙，并且其被捕

[①] "伊斯兰祈祷团"于20世纪90年代在马来西亚建立，以东南亚为基地，目标是建立一个由印尼、马来西亚和菲律宾南部组成的伊斯兰国家，与"基地"组织联系密切。该组织拥有庞大的网络，曾发动印尼巴厘岛爆炸案、雅加达爆炸案等多起恐怖袭击，被联合国、美国、英国、加拿大、澳大利亚等列为恐怖主义组织。

[②] 林泰和：《国际恐怖主义的资金流动》，《国际与问题》2011年第1期，第123页。

的风险比其他人员低10%—20%。①

在恐怖融资过程中，恐怖组织领导人需要为某些任务筹集资金并进行分配，于是将恐怖融资具体工作委托给恐怖融资中间人。如果恐怖组织领导人与恐怖融资中间人，即恐怖融资委托人与代理人的偏好不同，代理人可能会利用恐怖融资网络中的信息不对称牟取个人私利。而委托人既不能完全监督代理人，也不能对代理人进行有效的惩处，这就出现了"委托—代理"这种典型的道德风险问题。对于这个道德风险难题，至少有以下解决方案。

第一，委托人可以采取措施监督代理人。"基地"组织头目艾曼·扎瓦赫里（Ayman al-Zawahiri）在掌管"基地"组织后采取了一系列针对恐怖融资代理人的监督措施。比如，要求恐怖融资代理人定期向其进行详细的财务报告，报告中要包含"基地"组织资金筹措及使用的详细信息。这样可以有效减少恐怖组织所处复杂环境带来的信息不对称问题，在一定程度上压缩了代理人违约的空间。此外，恐怖组织领导人在委托恐怖融资中间人转移资金时，可以采用增加资金转移频率、压缩单次资金转移规模等方式，减少代理人可以贪污的资金规模。但是，定期的财务报告和频繁的资金转移增加了代理人与恐怖组织的联系，加大了其被执法部门发现和追踪的风险，实际上提高了恐怖融资的安全成本。因此，资金较为宽裕的恐怖组织基本不会采取这种策略。

第二，委托人可以采取措施激励代理人。恐怖组织对恐怖融资代理人的激励措施一般有两种不同的形式：一种是在确认恐怖袭击成功或恐怖行动取得重要进展时，给予代理人额外的奖励；另一种是恐怖融资中间人在筹集到一定数量资金之后，会得到额外的奖励。这样的激励措施可能会降低代理人违约的风险，从而降低恐怖融资的成本，同时不需要增加额外的联系，进而不会增加恐怖组织的脆弱性，而受到恐怖组织领

---

① Jacob N. Shapiro, "Terrorist Organizations' Vulnerabilities and Inefficiencies: A Rational Choice Perspective", in Jeanne Giraldo and Harold A., "Trinkunas, Terrorism Financing and State Responses: A Comparative Perspective", California: Stanford University Press, 2007, p. 61.

导人的偏好。

第三，委托人可以采取措施惩罚代理人。要建立对违约代理人的惩罚制度，恐怖组织需要获取必要的信息以提高发现违约的能力，这就提高了恐怖融资的安全成本。至于具体的惩罚措施，最简单的就是终止其恐怖融资代理人的资格。对于经济状况较差的恐怖融资代理人来说，这种惩罚是很有效的。此外，委托人还可以威胁使用暴力来惩罚违约的代理人，然而这种惩罚措施往往难以实施。这是因为恐怖组织是隐蔽秘密的组织，恐怖融资代理人掌握大量可能对恐怖组织造成巨大损失的关键信息，如果对恐怖融资代理人进行暴力惩罚，代理人可能会采取报复措施，进而给恐怖组织带来重大损失。因此，恐怖组织一般会在确保代理人无法对恐怖组织带来重大破坏的前提下采取这种惩罚性策略。

第四，委托人通过亲情与代理人建立信任。比如，恐怖组织领导人鼓励成员之间建立婚姻关系，如果其中一方出现违约或其他背叛组织的行为，将付出更大的代价，不仅会失去收入来源，同时还失去了家庭。例如，资金传递方式"哈瓦拉"就是建立在血缘和亲情基础上的，其运行相当可靠。但这种方式也存在增加恐怖组织脆弱性的缺点，如果处于严密网络中的某一组织成员被抓获，整个组织都将面临巨大的风险。从历史和实践来看，当某一恐怖组织影响较大时，各国政府在打击恐怖分子的同时，也会将恐怖分子的家人和朋友纳入监控和打击的范畴。

第五，委托人通过意识形态宣传，提高组织纯洁性和成员忠诚度，进而降低代理人违约风险。恐怖组织领导人在招募成员时会充分考虑其意识形态的纯洁性，以确保其具有相当的忠诚度。"基地"组织在阿富汗的训练计划就是其筛选成员的一个程序。尽管这种策略不会对恐怖组织带来额外的风险，但它减少了招募代理人的可选数量和质量。实际上，专业素质较高的恐怖融资代理人在筹措资金和转移方面拥有专业知识，通常不大可能是意识形态方面的极端主义者。因此，这种策略尽管不会增加恐怖组织的安全成本，却会造成一定的效率损失。

采用上述策略，恐怖组织都需要付出一定的代价。当恐怖组织拥有多余的资金时，他们不需要在效率和安全之间进行权衡。然而，当资金变得稀缺时，恐怖组织领导人就需要在安全与效率两者间进行取舍：选择提高效率的策略会带来安全风险；选择安全性较高的策略则意味着更少的恐怖袭击，效率也就遭受了损失。在这两种情况下，当恐怖主义资金受到限制时，社会面临的恐怖袭击风险会有所下降。由此，各国政府可以采取以下措施来有效打击恐怖融资。

第一，秘密冻结恐怖主义资产。如果政府秘密冻结了恐怖主义资产，恐怖融资代理人必须向委托人交代清楚这些资产的去向，而委托人则会开始怀疑代理人的忠诚度。此时，代理人面临两个选择：一是自己把被冻结的资产补齐；二是接受委托人的惩罚。这两个选择都影响了委托人与代理人之间的关系，进而对恐怖组织的效率产生影响。

第二，增加恐怖融资中的信任风险。政府执法部门可以在一定情况下公开对恐怖分子的亲属和关系人进行监视，使恐怖分子对其亲属或关系人的风险产生误判，进而压缩恐怖分子的生存空间。

第三，通过推动经济发展来提高恐怖融资成本和难度。随着经济的不断增长，参与恐怖组织的个人次优选择价值有所提高，使得恐怖组织招募成员的成本不断上升，进而推高整个恐怖融资的成本，限制恐怖组织的活动能力。

三、经济全球化对恐怖主义的影响

虽然当前尚未有明确的数据或证据表明恐怖主义的袭击规律、攻击目标、组织结构等与经济全球化存在直接的联系，但恐怖组织作为由个体构成的集团，始终具有"理性人"的特征，其会出于工具理性的考虑，利用全球化带来的一切便利为自己的恐怖活动开道，尽可能用最小投入获得最佳效果。经济全球化间接地为恐怖主义带来的便利有：物质资源在全球范围的流通，便于恐怖组织在全球部署分支机构，并实现全球资源调配；网络与信息技术的广泛应用，便于恐怖组织利用更经济、更隐秘的方式远程进行组织指挥和意识形态渗透；人员跨国或跨境往来日益频繁，使恐怖组织能够更方便地在全球招募成员，并且便于恐怖分子在全球流动跨境发起恐怖袭击；金融科技的日新月异为恐怖分子洗钱、转移资金提供了多元化渠道。总而言之，经济全球化在某种程度上也为恐怖组织规模的扩大提供了契机，促使恐怖主义呈现出国际化、规模化、随机化等特征。在经济全球化背景下，恐怖主义的国际化程度达到了空前的水平。"伊斯兰国"组织充分利用国际互联网，将传统的线下活动转为线上活动，在全球范围完成宣传、融资、培训、策划和实施恐怖袭击等各类活动。"伊斯兰国"曾利用社交媒体、视频软件、通信软件以及文件共享网站等，作为传播信息和招募成员的工具。其还利用"暗网"来进行招募和融资，甚至使用比特币来进行筹资。经济全球化背景下的恐怖主义，对世界和谐稳定、国家安全、经济发展等都具有毁灭性的负面影响，其强大的破坏力不容小觑。

此外，在恐怖主义不断国际化的同时，各国不断加强反恐措施，恐怖主义也开始呈现出本土化趋势。"9·11"事件的爆发引发了各国对恐怖主义的重视，一系列严厉的反恐措施陆续出台。这些反恐措施在一定程度上抑制了国际恐怖主义的肆掠，但是也造成了本土恐怖主义事件的增加。

如图2—4所示，2002—2015年，跨国恐怖主义事件增幅不大，然而，本土恐袭事件却呈明显的上升趋势。数据表明，在2015年，本土恐怖主义事件占比高达75.5%，而且一些被公众认定的国际恐怖袭击事件，也大多被认为是本国人发起。[1] 例如，英国伦敦地铁爆炸案以及西班牙马德里火车站爆炸事件等均为其本国公民所为。由此可以推测，国际恐怖主义思想逐步渗透至一些国家，影响了本国人的行为，同时也表明部分恐怖成员重新回到母国，组织并发起恐怖袭击事件，这无疑进一步加大了反恐的难度。

"9·11"事件之后，美国宣布发动金融反恐，却发现以"基地"

---

[1] 王沙骋：《网络恐怖主义与对策》，国防大学出版社2017年版，第89页。

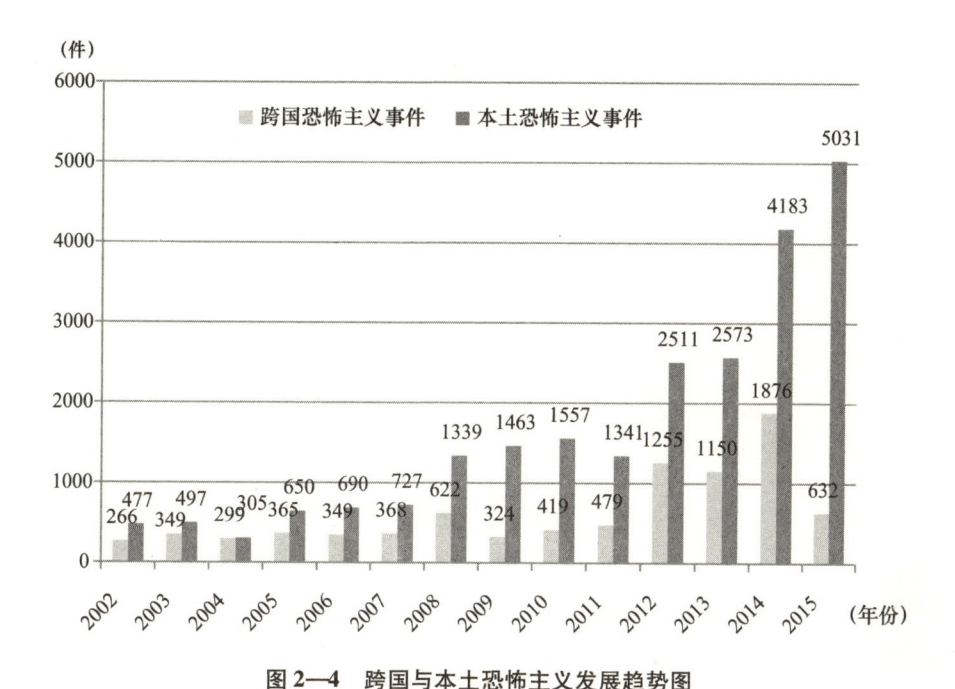

图 2—4　跨国与本土恐怖主义发展趋势图

组织为代表的恐怖组织的资金已通过"哈瓦拉"等非正规金融体系逃离了美国等西方国家。这些资金的跨国转移速度极快，而这正是因为恐怖组织利用了经济全球化和经济自由化带来的便利。经济全球化为恐怖组织充分利用高度一体化的国际金融体系提供了便利，使得它们在人员和资金流动方面有了更多的选择，互联网、移动电话、卫星通信等的广泛应用使得恐怖组织行动更加便利，恐怖融资也更容易实施和取得成功。

自 20 世纪 90 年代开始，在先进生产力的支持下，世界经济迅猛发展，同时在互联网、信息通信等高新技术的引导下，金融工具不断创新。除此之外，经济运行载体和规模也不断扩大，功能不断增强，经济社会逐步表现出"现代性"特征，金融介质更加多样化。在这些金融中介中，律师事务所、会计事务所等机构被称为"看守人"，而投资银行、资产管理公司等则被视为金融现代化发展的"运作主体"。无论其形式如何，"看守人"与"运作主体"都参与到经济发展与资金运行的过程之中，而随着这些中介机构的参与，资金运行链条被延长，社会资金运行总量大规模增加，金融覆盖范围拓展至社会方方面面。然而，这些"现代性"要素的涌现，虽然推动了金融领域的创新与发展，但也给金融监管带来了新的问题。从反洗钱方面来看，金融体系的扩大，为洗钱犯罪创造了更多的渠道，也加剧了金融犯罪工具的隐蔽性。另外，大量中介机构的介入，也增加了金融监管的难度，加大了职业道德风险，为洗钱犯罪提供了更多可能。

经济全球化使得非国家实体可以促进自由事业、社会变革和经济进步，但是也同时促进了像"基地"组织这样的恐怖组织的全球运作，以及"恐怖主义经济"的日益复杂化。与经济全球化密切相关的私有化、放松管制、对外开放、劳动力和资本自由流动以及技术进步等被认为是经济成功的关键因素，但同时也以各种方式影响着恐怖主义经济的发展。经济全球化为犯罪集团和武装组织提供了建立和分享国际经济基础设施的机会，比如离岸避税天堂、空壳企业以及专业洗钱组织等，都是国际非法经济的关键要素。

金融市场的全球化，特别是资本的自由跨境流动，以及绝大多数国家对金融行业的放松管制，为金融犯罪通过金融系统的广泛蔓延提供了可乘之机。其结果是，在过去的20年中，监管机构将金融犯罪和洗钱活动视为金融稳定的重大潜在风险，加大了防范和打击力度。国际组织先后建立了一系列国际标准，要求银行和金融机构关注洗钱活动的威胁及其对金融系统的影响。由于经济全球化的影响和电子信息技术的发展，全球跨境支付交易金额不断增长，但监管机构和执法部门要从海量的跨境交易中识别恐怖融资等非法交易是极其困难的。

恐怖组织的犯罪行为具有政治目的，会严重危害世界经济、政治和社会秩序。从整个环境来看，经济全球化、贸易自由化、金融自由化格局的形成为非法经济创造了更多可能，也间接地为恐怖组织扩大规模、开展恐怖行动提供了更多的经济支持。经济全球化不但提供了需求，还提供了技术和资本要素，更重要的是提供了制度，也就是与国际规则接轨。在此环境下，国际银行系统与金融系统所构成的全球金融网络成了恐怖组织转移资金、洗钱的重要渠道。

由于冷战后经济全球化现象的扩展与深化，互联网、媒体、通信科技等全球化的穿透机制不断进步与扩散，使得恐怖融资的来源更多样化，而资金流动的方式也更多元化。恐怖组织得以充分应用经济全球化对国际经济与金融活动的正面效果，进行恐怖资金的募集、转移，最后应用于执行恐怖袭击活动。因此，经济全球化现象与恐怖组织资金流动所形成的综合效应将成为21世纪国际安全面临的最严峻挑战之一，需要国际社会共同合作予以防范和打击。

第三节 恐怖融资与洗钱的理论分析

在实践和理论研究中，恐怖融资与洗钱、反恐怖融资与反洗钱通常一起出现，很多研究也并未对其进行明确的区分。实际上，恐怖融资与洗钱、反恐怖融资与反洗钱在概念、方式等方面都有着明显的区别。本节将对其进行一些理论上的分析，以便于读者能够充分认识恐怖融资与洗钱的联系与区别。

一、恐怖融资与洗钱的异同

恐怖融资，是指任何人不管采用何种手段，向恐怖组织或成员提供或募集资金的行为；而洗钱则是藏匿犯罪所得的资金来源、渠道、流向，并使其合法化的行为。两者之间存在着天然而密切的联系。恐怖活动既需要隐瞒与藏匿非法所得的资金来源、渠道、流向等，还需要掩盖恐怖犯罪的事实，同时还需要隐藏资金用于恐怖主义的目的。由此可见，开展恐怖活动时不可避免地会存在洗钱行为。也正因为如此，一般缺乏反洗钱措施的国家或地区，往往就是恐怖分子较为猖獗的区域，抑或是恐怖融资的主要来源地或周转地。从某种程度来说，洗钱除了会助长犯罪风气之外，还可能会给恐怖活动的实施与发展创造机会。

完整的洗钱流程通常包括以下三个阶段：一是放置阶段，把非法资金放入金融系统，包括四种方式：人工携带、直接存入金融系统（拆为小额资金）、间接存入金融系统（通过货币兑换或其他方式转换）、将非法资金与合法资金融合；二是分层阶段，通过复杂的交易，将放置好的资金转移到不同地区不同账号，模糊资金的来源与性质，藏匿其非法所得的事实；三是归集阶段，即通过合法的手段使用这些"洗"过的资金。洗钱是将非法来源的资金通过各种方式伪装成合法收入的过程，其根本目的是隐瞒非法所得的资金的来源、性质、流向，使其表面合法化，以帮助相关利益者既能够获得较大的经济利益，同时也能够逃避法律的制裁。

恐怖活动不同于毒品犯罪，其往往具有非经济性，通常具有传播意识形态、触发政治变革等非经济目标。恐怖融资是恐怖组织实现其目标的一个手段和途径，这就使得恐怖融资虽然会采取与洗钱犯罪相似的手法，但与洗钱犯罪还是存在着明显的区别，如图2—5所示。

一是资金来源不同。洗钱犯罪通常涉及企图隐瞒资金非法来源的金融交易，其资金来源通常是非法的。而恐怖融资的资金来源中有相当大的比例并不是非法资金或者并非通过非法活动筹集而来。虽然恐怖融资有时会涉及绑架、敲诈、毒品贩卖等违法犯罪活动，但除此之外，恐怖融资也涉及慈善捐款或正常的商业贸易与投资收益。这些表面上通过合法的渠道筹措的资金如果不与其他犯罪活动联系起来，通常也没有直接的受害者。

二是方向不同。一般犯罪组织洗钱是把"黑钱"洗"白"，即把非法所得（比如毒品交易所得、武器走私所得等）通过一系列的洗钱手段变得表面合法；而恐怖融资则是把"白钱"（合法收入）、"黑钱"（非法收入）都"洗黑"用于非法目的（资助恐怖主义活动），因此也被称为"逆洗钱"。

三是目的不同。洗钱的目的是将非法资金变为表面合法的资金；而

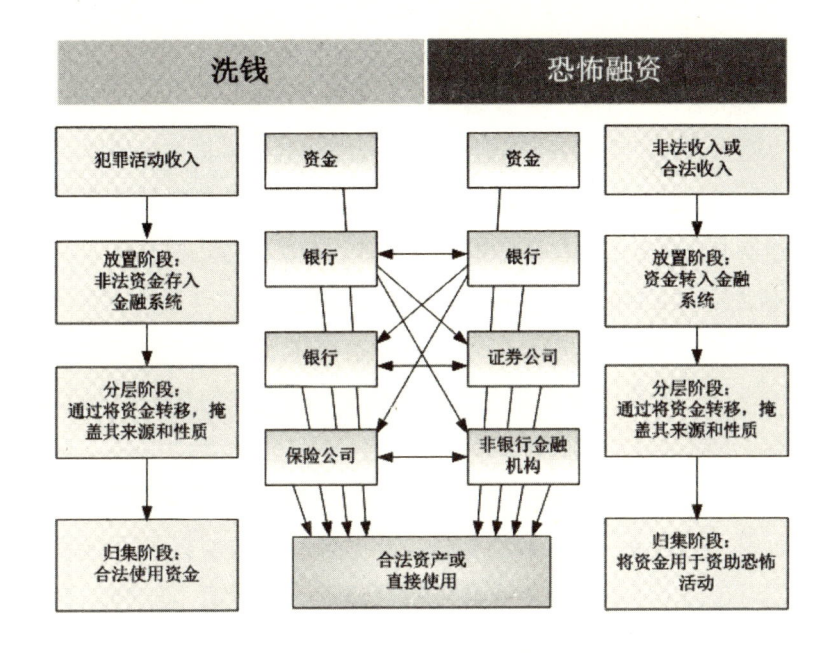

图 2—5　洗钱与恐怖融资的异同

来源：笔者自制。

恐怖融资的目的是将合法与非法资金用于其不可告人的暴力恐怖活动，最终实现其特殊政治目标。我们要认识到，恐怖融资最终会变成各式武器，进而对社会带来严重威胁。因此，打击恐怖融资就是为了削弱恐怖组织的经济基础，进而打击恐怖主义。将恐怖融资界定为一个单独的、自成一体的刑事犯罪行为，不是因为恐怖组织的资金全部是非法所得的资金，也并不代表这些资金一定经过了洗钱程序，而是因为这些资金主要是用于恐怖主义犯罪活动，存在资助恐怖主义行为性质，或者是存在资助恐怖主义用途。

二、反恐怖融资与反洗钱的异同

由于恐怖融资与洗钱存在的天然联系，反恐怖融资与反洗钱之间往往也难以明确区分。反洗钱活动涉及的资金往往数额巨大，这样金融机构就能通过设立预警限额和特定行为监控，发现值得特别关注的高风险账户。但恐怖融资的资金金额与洗钱犯罪相比通常较小，并且交易的形式与普通交易客户并无不同。因此，金融机构几乎无法仅根据金融交易活动本身来识别恐怖融资，金融机构需要结合其他来自执法部门的信息或客户的其他特征来进行判断。例如，巴塞尔银行监管委员会曾多次向相关国家的银行转交了可疑恐怖分子名单，对于银行机构及时识别与阻拦恐怖融资取得了积极的效果。

事实上，最初的反恐怖融资规则便沿袭了反洗钱的思路与相关制度。1999年，联合国公开发表了《制止向恐怖主义提供资助的国际公约》（以下简称《公约》）；2001年，"9·11"恐怖袭击事件轰动全世界，引发了全民恐慌，此时金融行动特别工作组经过商议决定扩大工作目标范围，把原来的反洗钱措施进一步扩大到预防与打击恐怖融资活动，同时还提出了反恐怖融资九项特别建议。而上述《公约》和金融行动特别工作组提出的建议均表示，各国有必要把恐怖融资归列入刑事犯罪的范畴，同时将其作为洗钱犯罪的上游犯罪之一。此外，各国均需要针对恐怖融资活动制定并出台一系列防范与打击制度，例如客户身份识别制度、交易记录保存制度、大额交易报告制度等。目前，部分国家根据《公约》与金融行动特别工作组的九项建议出台了相关法律，我国《刑法》第120条也明文确定了"帮助恐怖活动罪"，并从立法的层面将其作为洗钱犯罪的上游犯罪之一。

虽然反恐怖融资与反洗钱之间存在千丝万缕的联系，但两者仍是两个相互独立的概念。联合国法律部专家表示将两者混为一谈，并不符合《制止向恐怖主义提供资助的国际公约》的要求。反洗钱是打击与预防恐怖融资活动的一种重要手段，而反洗钱过程中的有关措施，比如客户身份识别制度、交易记录保存制度等则对发现与辨别恐怖融资具有积极意义。但是还必须明确一点，反洗钱并不能从根本上消除恐怖融资活动，也不能完全规避资助恐怖活动行为。

首先，从资金来源看，反洗钱措施主要是监测与预防那些非法所得的资金，比如"黑钱""脏钱"，这意味着其只能监控或追踪那些犯罪来源的恐怖融资活动。然而，在恐怖融资过程中，资金来源于传统犯罪活动的占比较小。另外，在世界各国均大力打击恐怖主义的情况下，恐怖组织的日常活动十分谨慎，它们并不会单独从事犯罪活动，而是把犯罪收益与合法资金混合，以此来掩盖资金的恐怖主义犯罪目的。恐怖组织除了能够利用自己经营的公司获取收益外，也能够获得其他商人的资助。从20世纪90年代开始，商人的资助已经成为恐怖融资的重要来源渠道之一。

其次，从资金转移渠道来看，反洗钱措施主要是监管金融机构依托金融交易报告制度，控制与打击洗钱活动，这意味着其只能监控金融领域的恐怖融资活动。也就是说，一旦恐怖融资的资金通过非金融体系进行转移，那么反洗钱措施很可能会失效。从目前恐怖组织的融资活动来看，非金融体系或非正规资金转移体系是恐怖组织主要的资金转移渠道之一，其往往会通过"哈瓦拉"等非正规汇款体系和现金运输等方式来转移或运输资金。即便是利用金融机构，也往往是进行小额资金转移，并用慈善捐助、社交活动等进行掩护。

通过对比分析联合国颁布的《制止向恐怖主义提供资助的国际公约》《打击跨国有组织犯罪公约》等相关纲领性文件，我们发现，国际反洗钱措施与反恐怖融资措施的关注重点和具体方式存在明显区别。比如，反洗钱措施主要集中于对金融机构的监管上，而反恐怖融资则更为关注对非营利性组织的管理或跨境电汇业务的监管。另外，美国等发达国家还专门针对反恐怖融资活动制定了预防和监管措施。

此外，恐怖融资常常将合法资金与非法资金混在一起，而非全都是非法的。一方面，恐怖组织一般都被认为是有组织犯罪集团；另一方面，恐怖融资与洗钱活动有诸多相似特点。部分专家将恐怖融资与非法活动等同起来，认为恐怖融资即为犯罪。金融行动特别工作组2001年发布的第九项特别建议就要求"各国政府应当将资助恐怖主义、恐怖分子和恐怖组织认定为刑事犯罪，并把恐怖融资作为洗钱的上游犯罪行为"。世界各国普遍接受了这一建议，认为恐怖融资是完全非法的，并采取相应措施打击恐怖融资。但我们也要注意到，由于各国对恐怖组织及恐怖分子的认定存在巨大差异，其中有一部分国家认定的恐怖组织在其他国家被认为是一个政治团体，那么其融资行为是否为非法就存在一定的争议。另外，恐怖组织作为一个需要与国际社会和其他组织发生广泛联系的组织，其必然会采取很多与世界通行做法一致的方法来进行资金筹措，这些做法中大部分是合法的。所谓"恐怖经济"与我们通常看到的"地上经济"之间存在密不可分的广泛联系。同时，法律是在不断发展与变化的，此时的非法行为并不必然是彼时的非法行为。但各国出于打击恐怖主义的政治需要，均将恐怖融资作为洗钱的上游犯罪，也作为恐怖主义组织活动中的一个重要部分，列为刑事犯罪予以严厉打击，以有效打击恐怖主义，维护国家安全和金融安全。

第三章 恐怖融资的需求侧分析

资金是现代组织机构运行的根本保障与物质基础,恐怖组织也不例外。资金作为恐怖组织生存和发展的必要条件,是其最根本的生命线。没有资金的支持,恐怖组织不仅无法发动恐怖袭击实现其政治目标,而且根本无法维持其正常运转。美国恐怖主义研究专家沃尔特·拉奎尔(Walter Laqueur)曾指出,"今天的恐怖主义是一种巨大的商业"。[1]

一般而言,恐怖组织的资金体系主要包含以下主要内容,一是恐怖融资的需求侧,即恐怖组织需要巨额资金来发动恐怖袭击或维持恐怖组织的运转;二是恐怖融资的供给侧,即恐怖组织需要通过多种方式进行资金筹措,以满足其对巨额资金的需求;三是恐怖融资的流通,即恐怖资金通过多种形式的流通转移,最终顺利到达恐怖组织的各个分支机构,以实现其组织目标。而其中恐怖融资的供给,即资金的筹措是根本,没有了资金的供给,也就没有了恐怖主义。按照马克思主义的观点,经济基础决定上层建筑,恐怖组织筹集资金的能力直接决定恐怖组织的行为方式。也有学者将恐怖组织的经济财富称为最高级的权力资产,这些资产具有最高的可转换性,可以随时转化为各种物质资源,包括武器,进而转化成武装暴力。对于恐怖组织来说,资金可以用来招募人力、宣传、组织训练以及购买武器等,最终发动恐怖袭击活动。本书拟从恐怖融资的需求侧、供给侧及流通渠道三个方面对恐怖融资进行研究。

---

[1] Walter Laqueur, "The Age of Terrorism", Boston: Little, Brown and Company, 1987, p. 98.

恐怖组织要维持其组织正常运行，在人员招募、武器采购、意识形态宣传、组织成员津贴、"养老金"、家属"抚恤"及食品、药品等日常消耗方面都需要大量资金的支持。庞大的资金供给是维持恐怖组织运行与可持续发展的重要条件。资金对于恐怖组织来说是极其重要的，而恐怖组织对资金的需求主要体现在两个方面：一是发动恐怖袭击的直接开销，包括武器、车辆、通信设备以及交通支出和后勤保障等费用；二是维持恐怖组织运转所需的资金，包括人员招募、训练、意识形态宣传等。这两者相比较而言，恐怖袭击直接开销比维持恐怖组织运转所需的资金少得多。澳大利亚联邦检察官达米安·巴格（Damian Bugg）在2003年指出，"基地"组织在恐怖袭击行动本身仅花费其收入的10%，而剩下的90%都是花在组织运营上，包括建立训练营和维护其全球网络。① 据有关专家估计，大多数恐怖组织的资金都和"基地"组织一样，90%以上被用于恐怖主义网络的建设、训练及人员费用等，而直接用于实施恐怖活动的费用不到10%。② 具体如表3—1所示。根据有关测算，我国新疆地区恐怖组织年均运营资金在18万元以上，而发动一场恐怖袭击的平均成本为3.8万元。③

表3—1 恐怖融资需求侧分析表

恐怖融资需求	项目	特征	占所有支出的比例
恐怖袭击的直接成本	基本开销	可变成本（依据所在国家及恐怖袭击规模而定）	10%
	专项训练		
	武器装备		
	旅行费用		
	通讯费用		

---

① Thomas J. Biersteker, Sue E. Eckert, "Introduction: The Challenge of Terrorist Financing", in Thomas J. Biersteker, Sue E. Eckert, "Countering the Financing of Terrorism", London and New York: Routledge, 2008, p. 8.
② 童文俊：《恐怖融资与反恐怖融资研究》，复旦大学出版社2012年版，第48页。
③ 范玉民：《对我国反恐融资工作的思考》，《经济与金融》2016年第7期。

续表

恐怖融资需求	项目	特征	占所有支出的比例
恐怖组织的运营成本	人员招募	固定成本（维持恐怖组织运转的固定开销）	90%
	技能培训		
	思想教育		
	组织宣传		
	后勤支持		

资料来源：林泰和：《国际恐怖主义的资金流动》，《问题与研究》2011年第1期，第105页。

第一节 恐怖袭击的直接成本

尽管恐怖袭击给世界各国带来的损失非常巨大，但是单次恐怖袭击的直接成本与之相比要低得多。根据联合国2004年发布的一份报告，在全球重大恐怖袭击事件中，除了"9·11"恐怖袭击的成本达到50万美元外，其他的恐怖袭击支出一般仅数万美元。根据联合国的估算，1993年针对世贸大厦的恐怖袭击直接成本约为1.9万美元；1998年美国驻肯尼亚和坦桑尼亚大使馆的爆炸事件成本在5万美元左右；2002年巴厘岛爆炸案大约花费2万美元[1]（学界估算费用最多可能为约5万美元）；2003年雅加达万豪酒店爆炸案的成本约为4万美元；2003年11月伊斯坦布尔袭击案的成本不高于4万美元；2004年3月马德里火车站恐怖袭击的成本大约1万美元[2]（学界估算费用最多可能为约6万

---

[1] Nikos Passas, "Terrorism Financing Mechanisms and Policy Dilemmas", in Jeanne Giraldo, Harold A., "Trinkunas, Terrorism Financing and State Responses: A Comparative Perspective", California: Stanford University Press, 2007, p. 31.

[2] John A. Cassara, "Hide and Seek: Intelligence, Law Enforcement, and the Stalled War on Terrorist Finance", Washington D. C.: Potomac Books, 2006, p. 190.

美元）；2006年被挫败的伦敦汽车炸弹案成本估计为1.4万美元。[①] 具体见表3—2。

表3—2 部分恐怖袭击直接成本统计表

年份	事件	直接成本（美元）
1993	纽约世贸大厦恐怖袭击	19000
1998	美国驻肯尼亚和坦桑尼亚大使馆爆炸事件	50000
2000	亚丁湾美国军舰"科尔"号爆炸袭击	10000
2001	"9·11"恐怖袭击	500000
2002	巴厘岛爆炸案	20000
2003	雅加达万豪酒店爆炸案	40000
2003	伊斯坦布尔恐怖袭击	40000
2004	马德里列车爆炸案	10000
2005	伦敦恐怖袭击	15000
2006	伦敦汽车炸弹案	14000
2008	孟买恐怖袭击	200000

注：由于恐怖袭击成本估算比较困难，以上数据在不同学者的统计中有所不同，本书引用数据均采用其最大数值，以体现恐怖袭击的成本。

资料来源：Thomas J. Biersteker, Sue E. Eckert, "Countering the Financing of Terrorism", London and New York: Routledge, 2008, p. 7; John A. Cassara, "Hide and Seek: Intelligence, Law Enforcement, and the Stalled War on Terrorist Finance", Wahington D. C.: Potomac Books, 2006, p. 190; Michael Freeman, "Financing Terrorism: Case Studies", Farnham: Ashgate, 2012, pp. 87 – 88; "Court Concludes Trial of Alleged Jihadis", Maldives Independent, August 22, 2017, http://maldivesindependent.com/crime – 2/court – concludes – trial – of – alleged – jihadis – 132169; Jeanne Giraldo, Harold Trinkunas, "Terrorism Financing and State Responses: A Comparative Perspective", Stanford University Press, 2007. p. 31; 童文俊：《恐怖融资与反恐怖融资研究》，复旦大学出版社2012年版，第47页。

---

① "Court Concludes Trial of Alleged Jihadis", Maldives Independent, August 22, 2017, http://maldivesindependent.com/crime – 2/court – concludes – trial – of – alleged – jihadis – 132169.

挪威国防研究所的艾米莉·奥夫泰德（Emilie Oftedal）通过对欧洲1994—2013年共计40起恐怖袭击进行分析发现，成本在1万美元以下的恐怖袭击共有27起，占67%，而直接成本在2万美元以上的恐怖袭击只有3起，占7%。具体见图3—1。

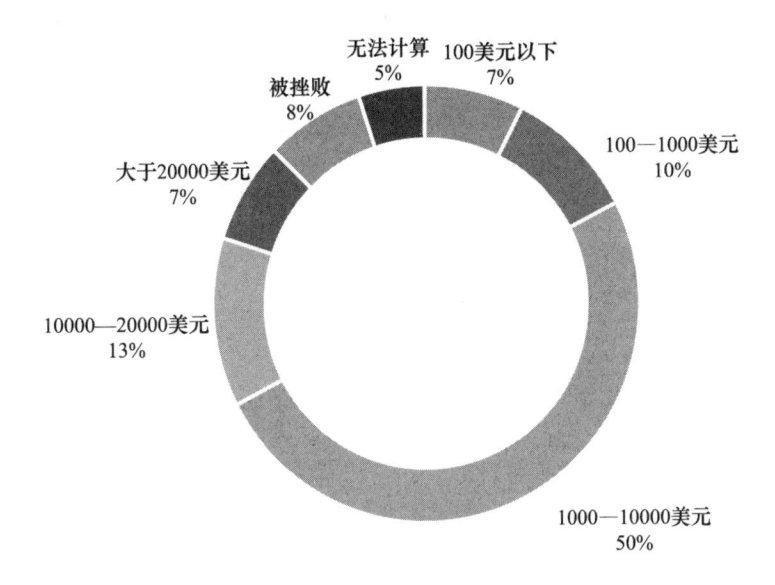

图3—1　欧洲恐怖袭击成本统计（1994—2013年）

资料来源：Oftedal E, "The Financing of Jihadi Terrorist Cells in Europe", Kyeller：Norwegian Defence Research Establishment（FFI），2015。

恐怖组织发动恐怖袭击所需要的物资多种多样，包括车辆、武器、炸药及其他爆破材料、通信设备、交通费用等。在实施恐怖袭击过程中，恐怖分子还需要获取伪造证件，或者要通过国际"蛇头"偷渡出入境，发动恐怖袭击的费用还包括行动前的训练和通信费用。具体来看，恐怖袭击的成本主要包含以下几部分。

一是日常生活开销。恐怖分子在为恐怖袭击行动做准备的同时，还需要维持相关人员的日常生活，就不可避免需要相应的食宿等必要的日常消耗。而在准备阶段，分布在不同地区、承担不同角色的恐怖分子需要频繁进行会面和联络，相应的社交活动亦需要经费来支持。

二是能力训练。一方面，恐怖分子为了实施暴力恐怖袭击，必须掌握常规武器使用、爆炸物制作、特定通信工具的使用，以及体能训练、组织协调能力培训等，需要支付各类训练成本。另一方面，部分恐怖分子还需要针对特定的恐怖袭击方式进行特殊的专业训练，比如驾驶飞机等更专业的技能，只能通过参加专业飞行培训等更昂贵的方式来实现，这会大幅增加恐怖组织的成本。

三是武器装备购置。发动恐怖袭击一般需要购买武器装备或爆炸物，而为了避免被执法机关怀疑，恐怖分子在采购武器装备及相应配件和原材料时，通常采用多渠道、小批量、多地区采购的方式来进行伪装，同时在支付方式上通常使用现金或伪造信用卡，或者采取其他方式来对敏感物资采购进行掩饰，这无疑会增加整个行动的成本。

四是旅行支出。在大多数情况下，恐怖分子在谋划恐怖袭击时，需要频繁进行会面，也需要与恐怖组织领导层或其他行动支持人员进行面谈，这就需要进行频繁的国际旅行，而国际旅行的成本是相当高的。同时，为了实现在全球范围内隐蔽秘密转移，或者可以在目标国家隐藏身份，恐怖组织经常通过黑市购买各种伪造证件，这也需要一定的经费保障。根据跨国信息安全软件公司趋势科技公司（Trend Micro）对深网①的调查，在深网中存在多个网站出售假证件。

五是通信成本。随着移动互联网的不断发展，社交软件和传媒渠道

---

① 深网（Deep Web、Dark Web，又称不可见网、隐藏网）是指互联网上那些不能被标准搜索引擎索引的非表面网络内容。迈克尔·伯格曼将当今互联网上的搜索服务比喻为像在地球的海洋表面拉起一个大网的搜索，巨量的表面信息固然可以通过这种方式被查找得到，可是还有相当大量的信息由于隐藏在深处而被搜索引擎错失掉。绝大部分隐藏的信息是必须通过动态请求产生的网页信息，而标准的搜索引擎却无法对其进行查找。传统的搜索引擎"看"不到，也获取不了这些存在于深网的内容，除非通过特定的搜索，这些页面才会动态产生。于是相对而言，深网就隐藏了起来。据估计，深网要比表面网站大几个数量级。而深网内布满匿名网站，它们几乎不受法律的制约。在这里，人们不会留下任何痕迹，因此一切活动或路径都难以追踪。深网也被认为是进行非法交易活动的"罪恶天堂"。

的不断扩展，国际通信越来越方便，成本也越来越低，但仍是整个袭击计划中必不可少的成本。此外，恐怖组织为了确保安全而采取临时使用并快速处置的通信方式，比如用完即丢的手机或匿名卫星电话等特殊通信联络方式，却会增加通信成本。[1] 同时，由于世界各国对通信网络的全面监控，通信在一定程度上成为恐怖组织最大的安全漏洞，增加了恐怖组织的安全成本。

下面以2008年孟买袭击案为例来分析恐怖袭击的直接成本构成。2008年11月，印度孟买恐怖袭击事件造成至少195人死亡、295人受伤。据印度媒体报道，根据对唯一一名被逮捕的恐怖袭击分子阿扎姆的审问结果，位于巴基斯坦的伊斯兰武装组织"虔诚军"（Lashkar-e-Taiba, LeT）[2] 策划了此次袭击事件。21岁的阿扎姆供认，发动恐怖袭击事件的10名袭击者都是巴基斯坦公民，他和另外23名武装分子接受了长达一年的军事训练。恐怖分子所使用的手机号码是美国一家互联网电话公司提供的。印度一名高级警官估计在克什米尔地区的恐怖分子每年的工资津贴大约为1.25万美元，其中包括训练、工资、奖金以及家属津贴等。孟买恐怖袭击的具体成本包括：人力成本12.5万美元（每人1.25万美元，共10人）、情报调查费用3万美元（在孟买恐怖袭击之前，恐怖分子雇用美国人前往孟买踩点并收集坐标信息）、武器和设备采购1.5万美元（每人1500美元，共10人）、网络电话费用（500美元），共计17.05万美元。如果加上其他不可预见支出，总支出大约在20万美元。这个成本与"虔诚军"每年5000万美元的年度预算相比

---

[1] Phil Williams, "Warining Indicators and Terrorist Finances", in Jeanne Giraldo, Harold A. Trinkunas, "Terrorism Financing and State Responses: A Comparative Perspective", California: Stanford University Press, 2007, pp. 79–87.

[2] "虔诚军"，亦称"真主军""使者之军"等，于1990年在阿富汗成立，为"国际伊斯兰阵线"成员，将美国、印度、以色列视为三大敌人，要发动对基督教徒、犹太教徒和印度教徒的"圣战"，并将整个印度从印度教的统治下解放出来。该组织被联合国、美国、英国、印度、巴基斯坦、欧盟、俄罗斯等列为恐怖组织。

是相当少的。①

恐怖袭击的直接成本相对较少，但这并不代表打击恐怖融资没有意义。对恐怖组织资金来源的任何一点限制和影响，都将制约和削弱恐怖组织发动恐怖袭击的能力。

第二节　恐怖组织的运营成本

虽然单次恐怖袭击的成本相对不高，但是维持恐怖组织的运转需要巨大的资金支持。恐怖组织需要招募新成员，建设训练基地，为其成员提供食物及住所，需要进行宣传和组织建设，需要向政府官员行贿以得到帮助，需要向成员家属支付"抚恤金"并向"退休"的组织成员支付"退休金"等，这些都需要巨大的资金支持。为了发动恐怖袭击和维持恐怖组织的正常运转，恐怖组织需要筹措数亿美元的资金。恐怖组织规模越大，所需要的资金保障也越大。

恐怖融资的增加会提高恐怖组织的能力，但并不是所有的恐怖融资都能直接转化成恐怖组织的暴力恐怖活动。除了其资金都用于发动恐怖袭击外，多数恐怖组织还需要在社会、政治、制度建设等方面投入大量资金。例如，为争取当地民众的认可、提高恐怖组织所谓"合法性"，而出资建设医院，或为其他恐怖组织提供军事训练基地等。②

根据美国中央情报局的估算，"9·11"恐怖袭击的直接成本大约在35万—50万美元之间，但"基地"组织每年用于维持运转的经费达到3000万美元。实际上，资金一直是"基地"组织恐怖网络发展的核心。

---

① Geoffrey Kambere, Puay Hock Goh, Pranav Kumar, and Fulgence Mssfiri, "Lashkar‐e‐Taiba (LeT)", in Michael Freeman, "Financing Terrorism: Case Studies", Farnham: Ashgate, 2012, pp. 87–88.

② Doug Philippone, "Hezbollah: The Organization and its Finances", in Michael Freeman, "Financing Terrorism: Case Studies", Farnham: Ashgate, 2012, p. 52.

"9·11"恐怖袭击之后,"基地"组织的扩张类似于跨国企业的组织模式。"基地"组织利用其庞大的资金实力来建立和维持着全球超过20个激进"圣战"组织对其的忠诚。"基地"组织向这些恐怖组织提供资金援助,用于开展"圣战"活动、购买武器或者培训"基地"组织位于阿富汗、巴基斯坦、索马里、北非和其他地方的训练营中数以千计的"基地"组织成员。"基地"组织筹集资金和转移资金的能力对于其维持在世界不同地区的恐怖活动至关重要。

人员消耗支出也是恐怖组织运营成本中的重要部分。"基地"组织在阿富汗期间,仅供养3000—4000名在阿富汗的"基地"组织成员以及遍布全球的秘密成员的成本便高达3600万美元,在整个"基地"组织5000万美元的总支出中占绝对多数。[1]"伊斯兰国"武装人员的月工资为400美元,而其动员3万人的武装人员意味着其每天的支出至少为40万美元。联合国在2012年曾披露,在马里北部,每名儿童士兵加入"伊斯兰国"后,其家庭将因此获得大约600美元的补贴,如果其积极参与战斗,则每月将获得400美元的补贴。

恐怖组织人员招募成本虽然占比不高,但也是不可忽视的一个方面。恐怖组织不仅要维护招募网络和招募人员的生活开支,制作和传播招募材料,还要花费资金为全球招募人员和成员提供便利。而对于部分工程师、金融专家等专业人士,其招募费用更是大大超过普通成员。

除了以上费用,恐怖组织的运营成本还包括科学研究、身份掩护、意识形态渗透等方面的各项开支。比如"奥姆真理教"(Aum Supreme Truth,AUM)[2] 于1995年3月20日用沙林毒气攻击地铁乘客之前,该组织一位具有较高知识水平的成员领导一支80人的研究小组进行了长

---

[1] Rohan Gunaratna, "The Evolution of al Qaeda", in Thomas J. Biersteker, Sue E. Eckert, "Countering the Financing of Terrorism", London and New York: Routledge, 2008, p. 55.

[2] "奥姆真理教"由麻原彰晃创立于1987年,是日本代表性的邪教团体,目的是统治日本乃至世界,在1994年之后进行过一系列恐怖活动。该组织被美国、欧盟、加拿大列为恐怖主义组织。其创始人麻原彰晃于2018年7月6日在日本被执行了死刑。

达一年的准备,这项研究开发计划耗资大约3000万美元。①

总体而言,相对于恐怖袭击的直接成本而言,恐怖组织的运营成本相当高昂,恐怖融资的匮乏会影响恐怖组织的正常运转,导致恐怖活动的终止甚至恐怖组织的瓦解。世界贸易中心爆炸案的策划者拉米兹·尤瑟夫在被捕后声称,若是有充足的资金保障,他们的袭击方案会将整个世界贸易中心夷为平地。当今时代下的恐怖主义更像是商业活动,恐怖组织可以被看作一个特殊的公司,其目标取向是将投入(培训、意识形态或宗教极端思想、武器、人员、捐赠收入等)转变为"增值产品"(恐怖袭击、政治权力、社会福利、占领统治、改变国家政策等),通过一系列运作程序"出售"给其特定的用户(社会团体、宗教团体、特定种族或其他团体)。美国军事学家詹姆斯·亚当斯认为恐怖组织只有跨过经济能力的分界线,才能实现生存与发展。那些曾经在历史舞台上稍纵即逝的恐怖组织,都未能成功地跨越这道分界线。

第三节 恐怖融资需求侧案例分析

本节通过研究"车臣恐怖分子""虔诚军""伊斯兰国"等恐怖组织的资金开支方向,来更直观地理解恐怖融资的需求侧。

一、"车臣恐怖分子"

"车臣恐怖分子"的恐怖融资需求侧主要包括以下四个方面:

一是购买武器。包括便宜且容易购买的手枪、子弹、冲锋枪以及雷管等,昂贵且难以买到的反坦克导弹以及地对空导弹系统等各类武器装备。

二是跨境运送人员。有数据显示,运送一名外国恐怖分子进入格鲁

---

① 杨隽、梅建明:《恐怖主义概论》,法律出版社2013年版,第192页。

吉亚需要约1万美元，其中包括格鲁吉亚向导的费用和行贿的支出。

三是以清真寺为掩护建立培训基地，进行人员培训。

四是包括购买食物、药品、服装等日常消耗。

二、"虔诚军"

"虔诚军"的恐怖融资需求侧主要包括以下四个方面：

一是提供社会服务。"虔诚军"的"社会福利部门"（Idarah Khidmat‐e‐Khalq, IKK）通过为当地民众提供社会服务，投入了大量的金钱来影响社会，在争取控制区民众支持方面发挥着至关重要的作用。"虔诚军"在巴基斯坦各地开设了超过1500个"办事处"。

二是意识形态宣传。"虔诚军"把通过经营筹集到的资金投入一些伊斯兰宗教学校，不仅可以宣传其意识形态，而且这些宗教学校收取的学费还成为恐怖组织的收入来源之一。

三是人员招募。"虔诚军"需要为其成员按月支付报酬，并且对于参与重大恐怖袭击活动成员还给予特定的奖励。综合各方面成本考虑，"虔诚军"雇用一名克什米尔地区恐怖分子每年需要花费约3000美元，而雇用一名外国恐怖分子则需要支付5000美元。据估计，"虔诚军"每年投入在人员招募及工资津贴等方面的费用高达3300万美元。

四是军事行动。"虔诚军"还将大量的资金用于军事行动。据美国情报机构估算，仅在2009年，"虔诚军"的年度军事行动预算总额超过500万美元。此外，"虔诚军"还支持和资助其他恐怖组织的恐怖袭击活动。[①]

三、"伊斯兰国"

虽然"伊斯兰国"自己创造了大量的收入，但它也有大量的开支。除了人员工资等支出外，"伊斯兰国"为了管理非法占有的领土，需要

[①] Geoffrey Kambere, Puay Hock Goh, Pranav Kumar, and Fulgence Mssfiri, "Lashkar‐e‐Taiba (LeT)", in Michael Freeman, "Financing Terrorism: Case Studies", Farnham: Ashgate, 2012, pp. 85–86.

足够的经济资源来为控制区居民提供食物、水、电等基本必需品。①

"伊斯兰国"最大的资金开支项目是武装活动，主要包括武器及原材料购置、避难所和食物、训练、交通培训及人员工资等。据报道，"伊斯兰国"平均每月付给恐怖分子350—500美元，技术娴熟的工程师和技术人员每月最高可以拿到1500美元。而据估计，"伊斯兰国"长期保持有2万—3万名武装分子，每月至少需要1000万美元。除工资外，"伊斯兰国"还提供其他福利，例如为恐怖分子的家庭成员提供津贴。据一名恐怖分子透露，"伊斯兰国"每月向他的妻子支付50美元的津贴，每个孩子支付25美元。此外，"伊斯兰国"还定期向被杀或被俘虏的成员的家属支付相当于成员月薪的津贴。随着遭受空袭受伤和死亡的"伊斯兰国"成员持续增加，其给予死亡人员家属的"抚恤金"和受伤人员的医疗费用不断攀升。而因"伊斯兰国"收入的不断萎缩，其只能不断缩减相关人员津贴。据报道，2017年"伊斯兰国"战斗人员津贴仅相当于2015年同期的20%。

根据俄罗斯金融情报显示，一名为"伊斯兰国"效力的人员建立了一个由六个中亚国家公民组成的恐怖小组，通过引诱目标人员加入宣扬极端主义思想的宗教组织来招募新成员。财务调查显示，居住在土耳其的一个中亚国家公民在2014—2016年通过汇款向恐怖小组提供了8000多美元资金，用于支付新成员报酬。

"伊斯兰国"通过基础设施建设和提供社会服务，提高控制区居民对其的支持。比如"伊斯兰国"投入大量经费用于招募新成员以及用于电视、报纸和社交媒体上的宣传。此外，"伊斯兰国"通过修护摩苏尔大坝和购买柴油发电机，向其控制区居民供应电力；投入大量的资金用于运转和维持能源或炼油基础设施，组织建立地下管道以及基本的固定式和移动炼油厂，向其控制区居民提供能源服务。

---

① The Financial Action Task Force (FATF), "Financing of the Terrorist Organisation Islamic State in Iraq and the Levant (ISIL)", 2015, http：//www.fatf-gafi.org/documents/documents/financing-of-terrorist-organisation-isil.html.

第四章 恐怖融资的供给侧分析

一般来说，恐怖融资的规模越大，恐怖组织的实力也就越强大。首先，恐怖融资规模越大，恐怖组织获取所需物资和其他资源的能力就越强。其次，恐怖融资越成功，恐怖组织越有可能获取更多的机会。从战术层面来看，恐怖融资越成功，恐怖组织越可以发动更大规模、更高烈度、针对更高价值目标的恐怖袭击。例如，20世纪90年代末，"基地"组织将其关注点从中东和非洲转移到美国本土就与其恐怖融资能力的巨大提高密切相关。从战略层面上看，恐怖融资越成功，恐怖组织越有可能得到更多政治上的支持。再次，恐怖组织规模越大，其恐怖融资能力也越强。比如"基地"组织、"伊斯兰国"等恐怖组织的年度预算都有几千万甚至上亿美元。据《华盛顿邮报》报道，"伊斯兰国"每个月从石油开采、绑架、勒索等方式获得资金就高达数百万美元。[①]

当然，由于恐怖组织是一个社会化、政治化较强的组织，有其文化和制度基础，因此恐怖融资仅仅是其成功运行及发动恐怖袭击的一个必要条件，而非充分条件。恐怖组织的成功还受到其他很多非经济因素的影响，比如政治环境、意识形态、宗教思想等。甚至在一定的条件下，恐怖融资越成功，恐怖组织的生存空间会越小。比如，北爱尔兰地区的武装组织通过各种犯罪活动得到许多收入，但是它们却被其他派别及当地民众视为犯罪集团，而非一个可以维护它们利益的政治组织。但总体上来看，恐怖组织要想成功开展恐怖袭击活动，需要庞大的经济支持，

---

① Karen De Young, "Islamic State was Making $1 Million a Day from Oil Sales before Airstrikes Began", Washington Post, October 23, 2014.

这意味着资金是恐怖组织赖以生存与发展的物质基础和保障。

恐怖融资供给侧按来源可以分为外部资助和自我融资两种类型。外部资助主要包括国家资助和非国家行为体的资助；自我融资可以分为"合法"收入、"征税"收入以及非法收入等。

其一，"合法"收入。比如某些组织提供的补贴、恐怖分子自有财产、同情者的支持与捐助、海外侨民的汇款与筹资、恐怖组织控股或经营公司所赚取的收益、慈善机构的捐款等。这些所谓"合法"收入只是从其来源本身来看是合法的，但实际上由于这些资产的目的是用于恐怖主义，按照国际通行的法律，其均为非法，被纳入恐怖融资范畴在全球予以打击。

其二，"征税"收入，即恐怖组织在所管辖的范围内强制性收税。比如伊斯兰极端组织以所谓"天课税"等宗教义务从信教民众中"征税"。所谓"征税"收入仅是从其形式上来看，实际上这些收入中一部分类似于保护费，而且其用于恐怖主义的目的，与真正的税收可以说是背道而驰。

其三，非法收入。例如强制性掠夺国家资源，通过抢劫、勒索、敲诈等非法手段获取的利益，或者依靠毒品、武器装备走私、人口贩卖等跨国犯罪行为所赚取的巨额利益以及仿造商品、信用卡诈骗等其他非法手段所得等。

第一节 外部资助

恐怖主义支持者是给予恐怖分子帮助的个人、实体，是恐怖融资的重要来源之一。而对恐怖分子的支持除了资金之外，还包括提供训练基地、武器装备、政治支援等其他形式。这些外部资助依据资助者身份不同可以分为国家资助和非国家行为体资助。冷战的结束是恐怖融资的一个重要分水岭，冷战期间国家资助在恐怖融资中占据重要的地位，而冷战结束之后，恐怖组织更多地依赖自我融资。这里主要谈一下非国家行为体的资助。

许多恐怖组织受到包括慈善组织和个人在内的非国家行为体的资助。来自海外侨民和富豪支持者的捐赠收入、各种慈善组织的捐款、国际同情者的捐助等，都是恐怖组织重要的资金来源渠道。

一、个人捐赠

对于宗教极端恐怖组织来说，来自教徒的捐赠和资助是其重要的资金来源。根据联合国安理会2002年的一份报告，"基地"组织和其他"圣战"组织在"9·11"事件之前的十年内收到3亿—5亿美元的资金，这些资金大多来自慈善组织和私人捐献者。[1] 成立于1969年的"爱尔兰北部援助委员会"，通过各种形式为"爱尔兰共和军"每年募集大约360万美元的资金；20世纪70年代"爱尔兰共和军"的收入中有约50%来自于爱尔兰裔美国人的捐赠。[2] "乌兹别克斯坦伊斯兰运动"（Islamic Movement of Uzbekistan，IMU）[3] 1999年从外国资助者得到2500万美元的资助。沙特的一些慈善组织和富商在"9·11"事件之后继续为伊斯兰武装组织提供资金支持。[4]

与其他收入来源相比，"伊斯兰国"获得的外部捐赠总体规模相对较小。2014年9月24日，一名"伊斯兰国"人员收到来自海湾地区的

---

[1] Jean-Charles Brisard, "Terrorism Financing: Roots and Trends of Saudi Terrorism Financing", "Report prepared for the President of the Security Council United Nations", Dec. 19, 2002. p. 3.

[2] Michael Freeman, "The Sources of Terrorist Financing: Theory and Typology", Studies in Conflict & Terrorism, No. 34, 2011, pp. 461–475.

[3] "乌兹别克斯坦伊斯兰运动"，简称"乌伊运"，是一个成立于1996年的伊斯兰民兵组织，成员由乌兹别克斯坦和其他中亚国家的伊斯兰好战分子组成，与"基地"组织关系密切。该组织的目标是通过"圣战"推翻乌兹别克斯坦世俗政权，在乌兹别克斯坦、塔吉克斯坦和吉尔吉斯斯坦三国交界的费尔干纳谷地建立政教合一的"哈里发国家"。该组织曾在乌兹别克斯坦等地制造多起恐怖袭击事件，被联合国、美国、英国、俄罗斯、加拿大等列为恐怖主义组织。

[4] Loretta Napholeoni, "Terror Incorporated: Tracing the Dollars Behind the Terror Networks", New York: Seven Stories Press, 2005, p. 134.

200万美元捐款，被美国财政部列入制裁名单。此外，被美国列入制裁名单的部分个人和团体已宣布效忠"伊斯兰国"，这其中包含了菲律宾的"阿布沙耶夫组织"（Abu Sayyaf Group，ASG）[①] 和埃及的"耶路撒冷支持者组织"（Ansar Bayt al - Maqdis，ABM）[②]。

除了个人之外，还有部分商业公司也涉及恐怖融资。例如，金吉达公司于2007年承认曾陆续向"哥伦比亚联合自卫军"（The United Self - Defense Forces of Colombia，AUC）[③] 支付170万美元[④]。

二、慈善组织

恐怖组织利用人们对以慈善组织为代表的非营利组织的信任，以及容易被监管机构忽略其与恐怖组织之间发生关联的优势，来实现恐怖组织资金的转移与支付。阿拉伯世界和欧洲的部分政治家认为暴力和社会政治（通常表现为一些慈善活动）是恐怖组织的两翼。多年来，一些伊斯兰慈善机构一直是"基地"组织及其他相关恐怖组织最重要的资金来源渠道之一。据估计，"9·11"事件之前，"基地"组织每年大约需要3000万美元来保持正常运转，这其中有相当大部分资金是通过一

[①] "阿布沙耶夫组织"是菲律宾最激进的武装组织之一，成立于1993年，其前身为伊斯兰军事分子成立的"游击队指挥自由战士组织"（后改名为"阿拉的仆人"），该组织的目标是在菲律宾南部诸岛成立一个独立的国家，从菲律宾分离出去。该组织经常从事以获取赎金为目的的绑架，并进行爆炸、斩首、暗杀和敲诈勒索等活动，同国际伊斯兰极端组织保持紧密联系，并于2015年宣誓效忠"伊斯兰国"。该组织被联合国、美国、澳大利亚、加拿大、英国等列为恐怖主义组织。

[②] "耶路撒冷支持者组织"，成立于2011年埃及局势出现动荡之后，是埃及的一个极端恐怖组织，该组织以埃及西奈半岛为据点，在思想上受"基地"组织影响，但并非"基地"组织分支机构。该组织曾对以色列和埃及境内目标发动一系列袭击。2014年4月，美国将其列为恐怖主义组织。

[③] "哥伦比亚联合自卫军"是哥伦比亚境内的右翼准军事组织，也是继"哥伦比亚革命武装力量"之后的第二大非法武装力量，控制着哥伦比亚25%的领土，势力范围主要在北部，沿着委内瑞拉边界附近和马格达林那河平原中部。该组织的宗旨是不惜一切手段消灭哥伦比亚国内所有左派游击队组织，曾参与多起暗杀和非法暴力犯罪活动。该组织被美国、欧盟、加拿大列为恐怖主义组织。

[④] John Cassara, Avi Jorisch, "On the Trail of Terror Finance: What Law Enforcement and Intelligence Officers Need to Know", Washington, D. C.: Red Cell Intelligence Group, 2010, p. 12.

些伊斯兰慈善组织从海湾国家的捐助者处筹集到的。① 此外,"库尔德工人党"(Partiya Karkerên Kurdistan,PKK)②、"泰米尔猛虎组织"等都通过慈善组织在全世界范围筹措资金。慈善组织,特别是一些伊斯兰慈善机构每年可以筹集资金数十亿美元,是为恐怖活动提供资金、招募新成员、提供后勤支持以及收集和转移资金的重要方式。而与此同时,国际社会却未对慈善组织建立相对完善的监管措施,使得慈善组织成为反恐怖融资中最薄弱的环节之一。

尽管国际上大多数宗教信徒认为他们在给真正需要帮助的人捐款,但这些慈善捐款中约有三分之一被恐怖主义利用。部分慈善组织借助资助医院、孤儿院或其他人道主义援助设施的名义来筹措资金,并通过复杂的金融交易,最终将资金转移至其真正目的地——恐怖组织,而资金捐赠者并不清楚其资金的最终流向。

伊斯兰宗教极端恐怖分子常采用"慈善组织"进行融资,主要原因在于:一是伊斯兰教法规定,慈善捐赠是一种宗教义务,只要有穆斯林就有伊斯兰慈善组织,恐怖组织可以依托慈善组织传播宗教极端思想,并筹措和转移资金;二是这些慈善组织受到大众的信任,穆斯林每年向慈善组织捐赠数十亿美元,这其中大部分资金可以被看作是进入了一个国际资金库,随时可以被伊斯兰恐怖武装组织利用;三是恐怖组织经常利用清真寺、伊斯兰学校、扶贫项目、体育组织或其他后勤辅助机构来为恐怖组织融资或者直接参与恐怖暴力活动。然而,很多国家缺乏对慈善组织的监管,没有严格要求慈善组织履行注册登记、记录保存以及交易监管等措施,因此难以追踪到慈善款项最终的接收人。

---

① John A. Cassara, "Hide and Seek: Intelligence, Law Enforcement, and the Stalled War on Terrorist Finance", Wahington D. C.: Potomac Books, 2006, pp. 203 – 204.

② "库尔德工人党"是土耳其的库尔德分裂组织,又名"库尔德自由与民主大会""库尔德人民大会"或"库尔德社会联盟",成立于1974年,其目标是在它所称的"库尔德斯坦"建立一个独立的"社会主义库尔德民族国家"。该组织曾参与多起恐怖袭击事件,被美国、欧盟、英国、澳大利亚、加拿大列为恐怖主义组织。

当一些慈善组织被用于恐怖融资时,部分清真寺网络为伊斯兰极端组织及其支持者之间联系提供媒介,并为恐怖组织资金筹措和人员招募提供便利。此外,一些非政府组织也经常被恐怖组织用作掩护、后勤和管理支持工作,以及进行极端思想的宣传。例如,肯尼亚有800多家非政府组织,这些非政府组织每年管理的资金大约有10亿美元,其中大多数与伊斯兰极端组织有联系。[1]

"9·11"事件之后,迫于国际压力,伊斯兰国家对规范伊斯兰慈善组织采取了一些措施。例如,沙特阿拉伯政府采取了一系列针对慈善组织的监管措施:要求慈善机构必须将所有的银行活动集中在一个主账户中,提款和转账必须通过主账户进行,子账户只能用于存款;禁止从慈善机构账户提取现金;禁止慈善机构使用自动取款机和信用卡;禁止从慈善机构账户向其他国家转账等。以色列反洗钱反恐怖主义融资局将163家外国慈善组织列入支持恐怖主义黑名单。[2] 美国财政部指定了超过40个伊斯兰慈善组织为支持恐怖主义的团体,其中30多个与"基地"组织相关的慈善组织也被联合国列入了制裁名单。

三、国际恐怖分子

随着经济全球化而来的恐怖主义全球化趋势使得恐怖组织可以在全球吸引和招募成员,国外恐怖分子的支持及国际招募中心的发展正在成为恐怖主义的一个新特点。而来自世界各地的国际恐怖分子不仅为恐怖组织提供了人力资本,还带来了包括金融资产、经济资源和其他财产在内的各种物质支持,成为恐怖融资的来源之一。

例如,国际恐怖分子和他们各自的社会网络是"伊斯兰国"获得物质和金钱支持的来源之一。"伊斯兰国"从在世界各地发展招募中心的支

---

[1] U. S. Department of State, "Country Reports: Kenya", in 2009 International Narcotics Control Strategy Report.
[2] 《以色列将163家慈善组织列入黑名单》,据网易新闻网转引以色列《国土报》2011年1月12日报道。

持者处获得物质支持。这些物质支持包括国际恐怖分子在其国家为旅行而筹措的资金,以及其随身携带的资金,还有同情者支持国际恐怖分子的资金。根据美国政府的信息,截至 2014 年 12 月 31 日,来自 90 多个国家的至少 19000 名国际恐怖分子离开他们的国家前往叙利亚和伊拉克加入"伊斯兰国",人数最多的国际恐怖分子的国籍分布见图 4—1。

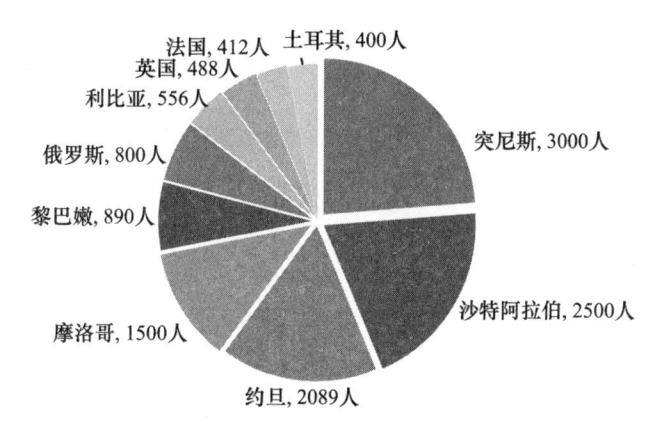

图 4—1 加入"伊斯兰国"的外国恐怖分子国籍分布

这些国际支持者是"伊斯兰国"获得物质和金钱支持的来源之一,虽然在人力方面意义重大,但对整体财务的贡献相对较低。此外,国际恐怖分子对恐怖组织的支持通常需要以某种形式使用传统银行体系。芬兰向金融行动特别工作组报告说,在某些情况下,外国恐怖分子需要用从自己祖国筹措的资金来支付自己的生活费用,这就需要通过金融机构或货币服务商汇款,这类转账的金额从几百欧元到几千欧元不等,难以被异常资金监测系统和执法部门掌握。

第二节 自我融资

除了外部资助之外,恐怖融资另外一个来源是包括"合法"收入、

"征税"收入、非法收入等在内的自我融资。与外部资助相比，自我融资在恐怖融资中的占比要高得多。根据艾米莉·奥夫泰德（Emilie Oftedal）对 1994—2013 年欧洲 40 个恐怖组织的研究发现，90% 的恐怖组织都参与了自我融资活动。其中，有 47% 的恐怖组织完全是自筹资金，这是欧洲恐怖组织最常见的融资模式；其次是创收活动和外部支持相结合的方式，占 43%；只有 5% 的恐怖组织完全依赖外部支持，如图 4—2 所示。

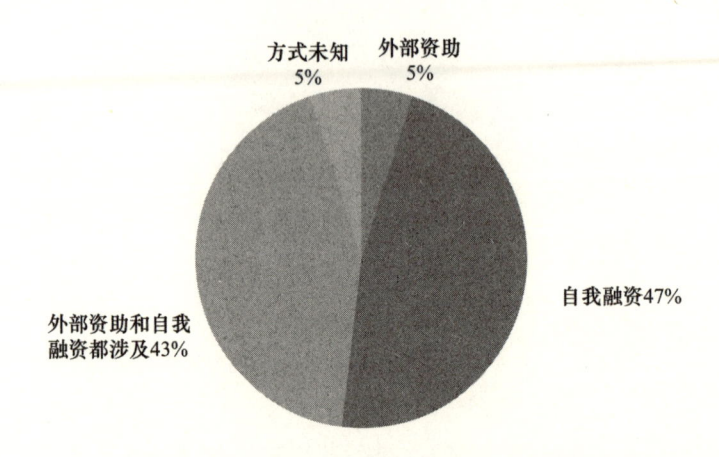

图 4—2　欧洲恐怖组织恐怖融资方式比例图

根据艾米莉·奥夫泰德的研究，随着时间的推移，恐怖组织自筹资金也变得越来越普遍。1994—2001 年，其所研究的 40 个欧洲恐怖组织没有一个仅仅依靠自筹资金；而 2002—2007 年，有 44% 的恐怖组织完全是自筹资金；到 2008—2013 年，则有 61% 的恐怖组织完全依靠自筹资金。[①]

一、"合法"收入

恐怖组织因"合法"收入获得的资金是恐怖融资中的常规项目之

---

① Emilie Oftedal, "The Financing of Jihadi Terrorist Cells in Europe", Norwegian Defence Research Establishment (FFI) Report, 2014/02234, January 6, 2015, p. 19.

一。据不完全统计，2000年恐怖组织以"合法"收入的形式筹集的资金高达3千亿美元，再加上非法收入，其恐怖融资总体资金量至少在1.5万亿美元以上，占全世界GDP的5%。[1]

"9·11"事件之前，恐怖组织大约有三分之一的资金来自"合法"生意。例如，菲律宾"新人民军"（New People's Army，NPA）[2]曾通过参与政府合同获利。在过去，毒品和人口走私是恐怖组织的主要收入渠道，"伊斯兰国"崛起后，这种形势发生了巨大的变化。"伊斯兰国"所谓"合法"收入占其全部资金来源的比例已远远超过三分之一，在其控制区域，"伊斯兰国"通过征税、石油贸易等方式筹措了大量资金。

（一）石油等能源收入

认识到能源资产可以作为一个可靠且可持续的收入来源，以"伊斯兰国"为代表的恐怖组织开始寻求经营控制区的石油基础设施，而不是像以前一样简单粗暴地予以摧毁。"伊斯兰国"在伊拉克、叙利亚等地控制油田，从石油及石油产品销售中每天获得约200万美元的收入，2014年"伊斯兰国"通过贩卖石油获得了约2亿美元收入。[3] 此外，"伊斯兰国"还通过向中间商及石油走私商收取费用获得收入。"伊斯兰国"主要以现金支付进行石油贸易，使其难以追踪和阻断。

然而，自从国际联军对"伊斯兰国"的炼油厂和运输车队发动空袭以来，"伊斯兰国"被迫依赖更为原始的炼油技术，包括在露天矿场燃烧原油，从而生产数量有限的劣质产品，其有效提取、提炼并出售石油和

---

[1] Loretta Napoleoni, "The New Economy of Terror: How Terrorism is Financed", Forum on Crime and Society, United Nations Publication. Vol. 4, Nos. 1 and 2. December, 2004. p. 38.

[2] "新人民军"是菲律宾国内的反政府武装部队，成立于1969年，以建立新政府为目标，运用游击战与政治手段打击菲律宾政府。目前被菲律宾、美国等国家列为恐怖组织。2014年12月菲律宾政府单方面暂停针对"新人民军"的武装行动，2016年8月"新人民军"与菲律宾政府发表联合声明宣布双方开始无限期停火。

[3] Loretta Napoleoni, "Islamic State is a Completely Different Model of Terrorist Financing", World Finance, https://www.worldfinance.com/videos/islamic-state-is-a-completely-different-model-of-terrorist-financing-video.

石油产品的能力明显减弱。2017年6月7日，俄罗斯外交部官员表示，随着在叙利亚和伊拉克境内开展的反恐行动深入进行，"伊斯兰国"控制的油田和能源基础设施遭到摧毁，"伊斯兰国"贩卖石油的收入大幅下降，从最初的月收入5000万美元降到1200万—2000万美元。[①] 随着石油富足的摩苏尔重归政府军手中，"伊斯兰国"资金来源被大幅压缩。

此外，"伊斯兰国"还通过控制农田和生产资料、粮食储存和分配，进而控制农作物价格，从中获利。联合国粮食和农业组织估计，"伊斯兰国"控制了伊拉克超过40%的小麦种植区域，[②] 不仅能从中直接获取利润，还能够通过限制反对"伊斯兰国"有关行动的组织和个人的粮食供应来扩大其意识形态渗透范围。此外，"伊斯兰国"还利用对水资源的控制，来影响其他地区的粮食生产，人为制造粮食危机进而提高粮食价格获取利润。

（二）钻石和黄金交易

根据金融行动特别工作组的报告，"钻石容易被隐藏和运输，每克宝石的价值也很高，这使得钻石特别容易受到包括恐怖分子在内的犯罪分子的青睐，用来赚取利润和转移非法收入。"[③] 2001年，美国对"基地"组织的审判记录显示，来自肯尼亚和坦桑尼亚的钻石原石交易和高价值宝石交易是"基地"组织金融体系的重要组成部分。自1990年起，"基地"组织就开始涉足钻石原石贸易，最初在肯尼亚和坦桑尼亚，之后转向塞拉利昂和利比亚。"基地"组织选择钻石贸易，一是作为"基地"组织筹措资金的工具；二是为躲避金融制裁隐藏资金；三是通过钻

---

① 俄罗斯外交部：《IS试图通过中东银行投资欧洲项目》，凤凰财经援引俄罗斯卫星网2017年6月8日的报道，http：//finance.ifeng.com/a/20170608/15438168_0.shtml。

② Sue Lannin, "Islamic State Far Greater Threat than Al Qaeda and Taliban: Terrorist Financing Expert", ABC News, http://www.abc.net.au/news/2014-11-07/islamic-state-far-greater-threat-than-al-qaeda3a-expert/5874012.

③ The Financial Action Task Force (FATF), "Report on Money Laundering Typologies", February 14, 2003, p. 22, http://www.fatf-gafi.org/documents/documents/moneylaunderingtypologies2002-2003.html.

石贸易将从非法活动中获取的资金洗白；四是将现金转换成钻石这种易变现和易转移的媒介。

恐怖组织还经常使用黄金来转移资金，黄金的固有特点为恐怖融资提供便利。首先，黄金具有硬通货和商品的双重属性，全球范围普遍接受黄金作为通货，且流动性较强。作为国际通货，黄金的交易和流通可以发生在银行系统之外，相比其他金融资产和交易媒介更具隐秘性，可避免在金融系统内留下资金交易痕迹，监管机构和执法部门较难追溯上下游联系。其次，黄金及黄金制品有体积小、价值高、便于藏匿的特点，能便捷地转换为现金或其他资产。最后，有些国家的社会文化影响了国民偏好，居民热衷于储藏黄金及黄金制品，需求量大且稳定，黄金交易不受地域影响。这些特点都是吸引恐怖分子利用黄金进行恐怖融资的重要缘由。提高黄金交易体系的透明度是阻止恐怖组织使用黄金来转移和隐藏资产的关键措施。

（三）其他生意

除了石油、钻石和黄金交易之外，包括"基地"组织、"爱尔兰共和军"、"伊斯兰国"等在内的恐怖组织，在不同时期均通过经营和投资来进行恐怖融资。与通过犯罪来进行恐怖融资不同，恐怖组织通过经营筹集的资金通常存在其分支机构及恐怖网络中，随时可以通过正规金融系统进行转移和使用。

"基地"组织1991—1996年在苏丹期间，投资了包括高科技公司、建筑公司在内的30多家公司来筹措资金，[①] 不仅垄断了苏丹玉米、向日葵和芝麻籽的出口市场，还参与建设了苏丹新机场及其连接喀土穆的高速公路[②]。而据美国情报部门分析，"基地"组织在全球通过各种空壳掩

[①] Global Witness, "For a Few Dollars More: How Al Qaeda Moved into the Diamond Trade", London: Global Witness, April 2003, p. 14.

[②] Reeve S., "The New Jackals: Ramzi Yousef, Osama Bin Laden and the Future of Terrorism", Library Journal 19, 1999, p. 83.

护公司和关联企业，拥有一个庞大的商业网络，俨然就是一个跨国公司。本·拉登的前会计师贾马尔·艾哈迈德·法德尔（Jamal Ahmed al‑Fadl）表示，"基地"组织在世界各地拥有多达80家公司，涉及建筑业、农场、银行、投资公司、房地产、橡胶产业等。① 此外，本·拉登还投资短期股票市场，快速赚取利润后离场。在"9·11"事件前，本·拉登集团就利用复杂的投资组合通过看空期权等方式进行资本市场操作，并在"9·11"事件之后美国航空公司和保险行业受挫的情况下获利数百倍。同时，还通过提前布局石油、黄金等大宗商品，在"9·11"事件之后价格疯涨的情况下抛售获利。②

"爱尔兰共和军"在20世纪70年代的北爱尔兰天主教地区垄断了运输行业，通过经营出租车公司、超市、出租公寓等来筹措资金，并垄断了贝尔法斯特的安保市场，通过开设安保公司来获取收入。这些公司在为其筹措资金的同时，还可以雇用支持者，也可以用于洗钱。③

"伊斯兰国"通过对其控制区域的各种资源的开采和加工来获得额外的收入。根据一份公开报告，"伊斯兰国"曾控制了位于伊拉克安巴尔省的阿卡什特磷矿和阿尔卡伊姆制造工厂，并拥有伊拉克磷酸盐制造公司，生产硫酸和磷酸，每年可以获得10亿美元收入。④

二、"征税"收入

恐怖融资中自我融资的另一项来源，是恐怖组织对其控制区的居民或商人以所谓"征税"的名义获取大量收入。从这些所谓"征税"的

---

① Jacquard R., "In the Name of Osama Bin Laden: Global Terrorism and The Bin Laden Brotherhood", Duke: Duke University Press, 2002, p. 128.
② Loretta Napholeoni, "Terror Incorporated: Tracing the Dollars Behind the Terror Networks", New York: Seven Stories Press, 2005, pp. 168‑169.
③ Stein‑Fr Kynoe, "Financing the Loyalists in Northern Ireland," in Michael Freeman, "Financing Terrorism: Case Studies", Farnham: Ashgate, 2012, pp. 172‑173.
④ The Financial Action Task Force (FATF), "Financing of the Terrorist Organisation Islamic State in Iraq and the Levant (ISIL)", February 2015, FATF, http://www.fatf‑gafi.org/media/fatf/documents/reports/Financing‑of‑the‑terrorist‑organisation‑ISIL.pdf.

类别来看，可大致分为"过境税"和"贸易税"等所谓"革命税"和"天课税"两大类。这里需要说明的是，恐怖组织所谓"征税"经常以绑架或暴力相威胁，其本质上与收取"保护费"，甚至抢劫极为近似。但伊斯兰恐怖组织募集的"天课税"是以伊斯兰教义为基础的，多为教徒自愿缴纳。

（一）"革命税"

恐怖组织对其控制区居民或经过控制区的商品等以"征税"的名义强行获得收入，这其中不仅包括所谓"过境税""贸易税"，还包括对人口贩运、海盗行动、毒品交易等非法活动征收的各种类保护费税收。"埃塔"组织甚至通过勒索、恐吓等方式逼迫本民族的巴斯克人缴纳所谓的"革命税"，以获取实施恐怖主义活动的经费。[①]

"伊斯兰国"针对其控制区域的部分货物贸易征收所谓"过境税"，在伊拉克北部地区对货车征收 200 美元的"公路税"，对沿叙利亚和约旦边境进入伊拉克的货车征收 800 美元的"关税"。[②]"伊斯兰国"还对进入其控制区域的现金"征税"，对其控制区域内伊拉克银行的分支机构进行"征税"。据美国财政部估计，仅 2014 年下半年，"伊斯兰国"通过控制位于伊拉克尼尼微（Nineveh）、安巴（Al-Anbar）、萨拉丁（Salah Din）和基尔库克（Kirkuk）的国有银行得到 5 亿美元现金。[③]"伊斯兰国"在摩苏尔的许多银行分支机构派驻了管理人员，直接从银行拿走了当地基督徒和穆斯林的现金存款，并对所有客户的现金提款征收 5% 的"现金税"。伊拉克政府把在"伊斯兰国"控制区内工作的政

[①] 张娟：《恐怖主义在欧洲》，世界知识出版社 2012 年版，第 57 页。

[②] Brisard Jean Charles and Damien Martinez, "Islamic State: The Economy-Based Terrorist Funding", Thomson Reuters Accelus, October, 2014, http://www.gdr-elsj.eu/wp-content/uploads/2015/11/Islamic-State.pdf.

[③] US Department of the Treasury, "Remarks of Deputy Assistant Secretary for Terrorist Financing Jennifer Fowler at the Washington Institute for Near East Policy on US Efforts to Counter the Financing of ISIL", February 10, 2015, www.treasury.gov/press-center/press-releases/Pages/jl9755.aspx.

府雇员的工资转移到基尔库克（Kirkuk）等其他地区发放，政府雇员前往这些地区以现金形式支取工资，而当其返回"伊斯兰国"控制区域时，则被征收高达50％的"税金"。据估计，"伊斯兰国"从这些工资中征收的"税收"每年获利数亿美元。① 2015年，涌向土耳其的移民为"伊斯兰国"创造的"过境税"每天约50万美元，而人贩子每运输1万名移民就为"伊斯兰国"创造2000万美元的税收。②

"索马里青年党"③ 不仅通过对运送到邻国肯尼亚和其他非洲国家的牲畜和大宗商品征收"贸易税"，还对其控制区域内的海盗行动征收5％—10％的"贸易税"，大约每条海盗船征收7.5万—15万美元左右，仅2011年"索马里青年党"就通过"征税"获得近1亿美元收入。④ "伊斯兰马格里布基地组织"（Al Qaeda in the Islamic Maghreb, AQIM）⑤ 通过向毒贩收取"安全通过费"的形式获得了大量的利润，成为其稳定的资金来源。

包括"伊斯兰国"在内的恐怖组织，试图通过建立内部财务管理系统，提供征税票据等形式，来使其所谓"征税"显得正规化，但这些行为在本质上是抢劫和勒索，与有组织犯罪团伙收取"保护费"类

---

① The Financial Action Task Force (FATF), "Financing of the Terrorist Organisation Islamic State in Iraq and the Levant (ISIL)", 2015, http://www.fatf-gafi.org/documents/documents/financing-of-terrorist-organisation-isil.html.

② Adrian Goldberg, "Terror Finance & Emissions", BBC Radio 5 live, May 15, 2015. 转引自洛蕾塔·拿波里奥尼：《人贩：难民危机中的罪恶生意》，北京时代华文书局2017年版，第249—250页。

③ "索马里青年党"是索马里主要的反政府武装组织，前身是成立于1991年的"伊斯兰法院联盟"，该组织控制着索马里中南部大部分国土并一直想要推翻非盟与西方国家支持的索马里政府，不断制造着恐怖主义爆炸事件。2009年和2012年，该组织先后两次宣布效忠"基地"组织并接受其领导。2015年11月，有证据显示该组织宣誓效忠"伊斯兰国"。

④ "Somali Pirates: Islamist Insurgents Demand Weapons from Hijacked Ship", *The Daily Telegraph*, October 5, 2008.

⑤ "伊斯兰马格里布基地组织"是阿尔及利亚从伊斯兰武装集团分裂而来的一个恐怖组织，成立于1999年，目标是推翻阿尔及利亚政府，建立一个伊斯兰国家。2003年该组织发表声明，表示效忠"基地"组织，被联合国、美国、欧盟、英国、加拿大、澳大利亚列为恐怖主义组织。

似，大多数"纳税人"都是为了获取暂时的安全或便利而进行非自愿的"纳税"。

(二)"天课税"

伊斯兰金融里一个重要的金融工具就是"天课"。由于天课的捐赠者认为这是他们的义务，不能因此寻求骄傲，所以捐款通常是秘密的、匿名的。"天课税"的比例一般是其收入的2.5%，但这只是最低要求，在特殊时期，或者由于特殊的原因，这个比例经常会有所提高。[①] 据估计，在沙特阿拉伯，通过天课募集的资金每年大约有120亿美元[②]；在美国，仅仅伊斯兰斋月结束的开斋节所收到的天课捐赠每年就可以达到3500万—4000万美元[③]。据统计，全世界伊斯兰金融业的总资产约有2万亿美元，而这些资产大多数存于伊斯兰银行或者伊斯兰地区的传统银行，约占78.9%；剩下的包括伊斯兰债券约占16.8%，伊斯兰基金约占3%，伊斯兰保险约占1.3%。[④]

当然，这些天课捐赠并不必然都涉及恐怖融资，但其规模巨大，并且缺乏监管，极易成为恐怖组织利用的恐怖融资来源。伊斯兰极端恐怖组织更是将以"天课税"为主的慈善捐赠，作为其筹措资金和转移资金的重要渠道和方式。

三、非法收入

恐怖融资活动的非法收入来源广泛，包括敲诈、勒索、仿造货币、走私毒品、人口贩卖等。其中很多方式与有组织犯罪密切相关，为了获

[①] Jonathan M. Winer, "Origins, Organization and Prevention of Terrorist Finance", July 31, 2003, http://www.iwar.org.uk/cyberterror/resources/terror-financing/073103winer.htm.

[②] Loretta Napholeoni, "Terror Incorporated: Tracing the Dollars Behind the Terror Networks", New York: Seven Stories Press, 2005, p. 120.

[③] Jimmy Gurulé, "Unfunding Terror: The Legal Response to the Financing of Global Terrorism", Cheltenham & Northampton: Edward Elgar, 2008, p. 120.

[④] The Islamic Financial Services Board (IFSB), "Islamic Financial Services Industry Stability Report 2017".

取更多的资金,恐怖组织会开展一系列犯罪活动,由此使得恐怖组织兼具恐怖主义与有组织犯罪双重属性,而随着两者结合越来越紧密,恐怖组织生存与发展能力日益增强。1969—1981 年间,意大利"红色旅"等恐怖组织通过违法犯罪活动筹措的资金合计达 6340 万美元,年均超过 480 万美元。① 土耳其外交部将"库尔德工人党"在欧洲筹措资金的方式进行了归纳:敲诈勒索、出版物销售、商业经营收入、毒品走私、武器走私、人口走私。② 20 世纪 90 年代冷战结束后,通过犯罪来获取收入逐渐成为恐怖融资最实用的途径。

(一)抢劫、绑架等暴力犯罪

恐怖融资非法收入来源中,抢劫、绑架等暴力犯罪是很多恐怖组织的传统手段,不仅是恐怖组织斗争的主要手段,而且是恐怖融资不可忽视的一个来源。1971—1987 年间,北爱尔兰恐怖组织通过违法犯罪活动筹措的资金约为 9890 万美元,年均超过 580 万美元。在 1975—1987 年间,西班牙"埃塔"等恐怖组织通过违法犯罪活动筹措的资金超过 1.34 亿美元,年均超过 1000 万元。其中,抢劫银行和绑架商人是"埃塔"主要的融资方式之一。③ 20 世纪 80 年代初,哥伦比亚恐怖组织通过勒索、抢劫和绑架等非法活动获得了大部分资金。东欧地区的"民族主义者"一直从事绑架、贩卖人口的勾当,而德国警方 2011 年 11 月破获的"新纳粹组织",则涉嫌参与抢劫多家银行。④ 2014 年,"伊斯兰国"靠勒索伊拉克当地企业获得 6 亿美元,靠抢劫银行获得 5 亿美元。

2012 年,美国财政部负责恐怖主义和金融情报的副部长戴维·科

---

① 胡联合:《全球反恐论》,中国大百科全书出版社 2011 年版,第 254 页。
② Moyara Ruehsen, "Partiya Karkeren Kurdistan (PKK)", in Michael Freeman, "Financing Terrorism: Case Studies", Farnham: Ashgate, 2012, pp. 65 – 66.
③ 胡联合:《全球反恐论》,中国大百科全书出版社 2011 年版,第 253—254 页。
④ 张娟:《恐怖主义在欧洲》,世界知识出版社 2012 年版,第 146 页。

恩指出："绑架勒索赎金已成为当今恐怖融资最重要的来源。"① 美国政府统计，在2008—2014年间，恐怖分子通过绑架人质索要赎金的方式取得了至少2.22亿美元的收入。② "基地"组织把绑架勒索赎金作为一项"全球产业"，用于资助其世界各地的恐怖活动。"基地"组织阿拉伯半岛分支头目曾表示，绑架人质是一项油水丰厚的营生，其分支的一半经费来自赎金。2003—2011年，作为"基地"组织分支的"伊斯兰马格里布基地组织"从绑架赎金中收入1.65亿美元，并且该分支专门绑架外国人，特别是西方人，并从中获取大额赎金的恐怖融资模式，已被其他恐怖组织复制。③ "乌兹别克斯坦伊斯兰运动"在1999年通过绑架四名日本地质学家获得赎金500万美元。④ "阿布沙耶夫组织"曾多次在菲律宾实施人质绑架，获得了数以千万计的赎金收入。⑤ 2002年7月，"阿布沙耶夫组织"通过绑架马来西亚和欧洲人质获得赎金收入2500万元。⑥ 其中在哥伦比亚发生的绑架案件，约占全球绑架案件的48%。⑦

除了抢劫和绑架之外，很多恐怖组织都参与人口贩运活动。人口贩运作为一项高收益低风险的活动，一方面难以被监控到，即使被抓住后惩罚也较轻；另一方面，恐怖组织不仅可以通过人口贩运来获得巨额利润，还可以通过该渠道输送相关行动人员和支持人员。2005年，俄罗斯联邦安全总局截断了一条向国外贩卖人口的秘密通道，2001—2005

---

① 方金英：《穆斯林激进主义：历史与现实》，时事出版社2015年版，第361页。
② 苏潇：《新型恐怖融资风险及对策建议》，《金融经济》2017年第18期。
③ Rukmini Callimachi, "Paying Ransoms, Europe Bankrolls Qaeda Terror", *New York Times*, July 29, 2014.
④ Loretta Napholeoni, "Terror Incorporated: Tracing the Dollars Behind the Terror Networks", New York: Seven Stories Press, 2005, p. 91.
⑤ Aurel Croissant, Daniel Barlow, "Terrorist Financing and Gobernment Responses in Southeast Asia", in Jeanne Giraldo, Harold A. Trinkunas, "Terrorism Financing and State Responses: A Comparative Perspective", California: Stanford University Press, 2007, p. 208.
⑥ John Cassara, Avi Jorisch, "On the Trail of Terror Finance: What Law Enforcement and Intelligence Officers Need to Know", Washington, D. C.: Red Cell Intelligence Group, 2010, p. 175.
⑦ 胡联合：《全球反恐论》，中国大百科全书出版社2011年版，第256页。

年间，包括恐怖组织在内都依托这条秘密通道贩运人口，赚取暴利。①美国国防部官员表示，拉丁美洲的人口贩卖网络曾试图偷运与"基地"组织相关人员进入美国。②"泰米尔猛虎组织"中的成员利用两家航运公司进行人口贩运生意，仅仅在1992年就帮助1.7万人偷渡到11个国家，并从中获利3.4亿美元。③ 2005年，"库尔德工人党"将东欧移民偷渡到柏林、巴林、伦敦等城市的收费标准是6000—7000欧元/人。④ "伊斯兰国"在其自己的出版物《达比克》（Al Dabiq）中夸口说，它参与人口贩卖，特别是针对妇女和儿童，人口贩卖是其不可或缺的一个收入来源。

通过绑架勒索赎金，除了能为恐怖主义组织筹集资金之外，还能在某些方面迫使相关组织做出政治让步。据报道，"伊斯兰国"绑架了数百名人质，包括当地的伊拉克人、叙利亚人和一些少数民族民众，以及部分西方人。这些人质中有一部分被"伊斯兰国"用来换取赎金，而另外一些人则被残忍地杀害，以传递政治信息。通过绑架人质获取赎金来进行恐怖融资的模式，有一个不可忽视的短板，那就是随着恐怖组织绑架人质事件的频频发生，其可以绑架的人质目标因绑架威胁而逐渐减少，也就是说它获取资源的方式会加速资源的流失。

此外，政府向绑匪支付赎金的方法，在某种程度上可以被看作是直接资助了恐怖活动，反而会促成越来越多的针对外国人的绑架，最后陷入了一个恶性循环。布基纳法索一名总统顾问曾指出，"西方国家（向恐怖组织支付赎金）是'基地'组织的生命线，是它们资助了

---

① 张伶、张洋：《俄罗斯反洗钱与恐怖融资战略及启示》，《上海公安高等专科学校学报》2012年第4期。

② Joseph Farah, "Al – Qaida South of the border", World Net Daily, Feb. 16, 2004, www.wnd.com/2004/02/23290.

③ John Cassara, Avi Jorisch, "On the Trail of Terror Finance: What Law Enforcement and Intelligence Officers Need to Know", Washington, D. C. : Red Cell Intelligence Group, 2010, p. 174.

④ Moyara Ruehsen, "Partiya Karkeren Kurdistan (PKK)", in Michael Freeman, "Financing Terrorism: Case Studies", Farnham: Ashgate, 2012, pp. 71 – 72.

恐怖事业。"① 美国和英国政府声称支付赎金的行为无疑会助长恐怖组织扩大其绑架活动。比如对于"伊斯兰国"，英美政府认为赎金成了"圣战士"建立"哈里发王国"的一个重要的资金来源。美国相关法律曾规定，被绑架者家属向恐怖组织支付赎金的行为将被以资助恐怖主义的罪名起诉。联合国安理会 2014 年第 2133 号决议和第 2170 号决议呼吁所有会员国要阻止恐怖分子直接或间接地从赎金中获益。此外，联合国安理会第 2161 号决议禁止向包括"伊斯兰国"在内的恐怖组织制裁名单中的个人和实体提供资金，也适用于向名单上的个人、团体或实体支付赎金，而不管赎金是由谁通过何种方式支付的。

(二) 毒品贸易

通过毒品生产与走私筹措资金是当前恐怖融资的一大突出特点，对经济社会危害严重。根据金融行动特别工作组的报告，"恐怖组织对毒品走私的依赖程度随着国家资助的减少而与日俱增，这种趋势使得恐怖分子与毒贩越来越难以区分。"② 美国政府认定的恐怖组织中有差不多一半都与毒品贸易有关联，包括"基地"组织、"哥伦比亚联合自卫军"等。

阿富汗恐怖组织的资金来源中一大部分来自于毒品贸易。联合国毒品与犯罪办公室一项研究发现，"基地"组织将阿富汗的毒品走私作为其一个重要的收入来源。③ "基地"组织曾将阿富汗打造成世界上最大

---

① Rukmini Callimachi, "Kidnapping Europeans is a cash cow for Al Qaeda", *International New York Times*, July 31, 2014. 转引自方金英：《穆斯林激进主义：历史与现实》，时事出版社 2015 年版，第 362 页。

② The Financial Action Task Force (FATF), "Terrorist Financing Typologies Report", February 29, 2008. http://www.fatf-gafi.org/publications/methodsandtrends/documents/fatfterroristfinancingtypologiesreport.html.

③ Jimmy Gurulé, "Unfunding Terror: The Legal Response to the Financing of Global Terrorism", Cheltenham & Northampton: Edward Elgar, 2008, p.374.

的毒品生产和贸易中心，每年从毒品贸易中获利约20亿美元。① 2003年12月，美国中央司令部曾在霍尔木兹海峡附近截获了一艘帆船，装载了大约2吨、价值超过1000万美元的大麻，这些毒品和"基地"组织有确切的联系。② 阿富汗海洛因贸易为亚洲地区极端组织提供资金支持，大量流入的鸦片和海洛因为恐怖组织和分裂势力的生存和发展提供了资金支持。③ 在"9·11"事件前，以"东突"组织为首的分裂势力80%的资金来自于境外恐怖组织的支持；而在"9·11"事件后，"基地"组织等境外恐怖组织遭到重创，"东突"分裂势力开始通过毒品走私及其他犯罪活动获取利益，获得恐怖活动资金，非法犯罪活动所得成为其主要的恐怖融资来源，占比在50%以上。④

"库尔德工人党"从成立之初就参与了毒品走私活动。在20世纪90年代早期，"库尔德工人党"控制了欧洲70%—80%的海洛因贸易，仅在1993年就从毒品交易中筹集了约7500万美元。⑤ 秘鲁"光辉道路组织"通过从事毒品走私活动每年可获取几亿美元的资金。⑥ "索马里青年党"还通过走私"巧茶"（也称"阿拉伯茶"，是一种软性毒品）作为其收入来源。⑦

2014年，"伊斯兰国"的毒品收入达2.5亿美元。许多"伊斯兰国"的新成员，特别是来自欧洲的人，将贩毒作为一种微观收入来源，

---

① John Cassara, Avi Jorisch, "On the Trail of Terror Finance: What Law Enforcement and Intelligence Officers Need to Know", Washington, D. C.: Red Cell Intelligence Group, 2010, p. 230.

② 彼得·戴尔·斯科特：《美国战争机器：深度政治、中情局全球毒品网络和阿富汗之路》，社会科学文献出版社2016年版，第438页。

③ Loretta Napholeoni, "Terror Incorporated: Tracing the Dollars Behind the Terror Networks", New York: Seven Stories Press, 2005, p. 119.

④ 穆撒：《西部"游戏规则"：甘肃毒品状况调查》，《瞭望东方周刊》2004年第44期，第28—30页。

⑤ Moyara Ruehsen, "Partiya Karkeren Kurdistan (PKK)", in Michael Freeman, "Financing Terrorism: Case Studies", Farnham: Ashgate, 2012, p. 70.

⑥ Richard Clutterbuck, "Terrorism in an Unstable World", London and New York: Routledge, 1994, pp. 88–89.

⑦ Timothy Wittig, "Understanding Terrorist Finance", New York: Palgrave Macmillan, 2011, p. 120.

被称为"微观融资"。借助于欧洲便利的金融体系,兜售麻醉品获得的资金可以用于往返叙利亚与欧洲之间,同时也可以帮助获得恐怖袭击所需的资源(如武器、车辆和手机等)。不断增加的毒品交易还为"伊斯兰国"武装分子提供急需的资金,以支付其逃离伊拉克和叙利亚、返回家园的费用。而随着"伊斯兰国"被不断打击,其分布在全球的"圣战士"可以通过毒品交易开展全球"圣战"。[1]

(三)知识产权犯罪

与毒品贸易相比,制造假冒产品是一种低成本、高回报的恐怖融资方式。根据国际刑警组织的估算,知识产权犯罪的利润率与毒品贸易相似,基本可以达到十倍回报率,但知识产权犯罪的风险成本极小。例如,2004 年马德里列车爆炸案中的恐怖分子就通过出售盗版 CD 来为恐怖袭击筹措资金。[2]

"基地"组织等恐怖组织通过伪造商品来进行融资。2003 年,丹麦海关截获了一个装满假冒洗发水的集装箱,这个集装箱在迪拜的发货人与"基地"组织有直接的联系。[3] 2001 年 9 月,南非德班执法部门突击搜查了郊区的几处房屋,没收了一批盗版 CD,涉案人员都效忠于"基地"组织。[4] 国际刑警组织在一次反恐行动中,缴获了恐怖组织支持者所仿造的商品,总价值高达 120 万美元。[5]

盗版软件也是恐怖组织的收入来源之一。根据英国执法部门在 20

---

[1] Colin P. Clarke, "ISIS is so Desperate it's Turning to the Drug Trade", RAND Blog, July 24, 2017, https://www.rand.org/blog/2017/07/isis-is-so-desperate-its-turning-to-the-drug-trade.html.

[2] Wechsler W., "Illicit: How Smugglers, Traffickers, and Copycats are Hijacking the Global Economy by Moises Naim", *Journal of Policy Analysis & Management*, No. 25, 2006, pp. 995-999.

[3] John Cassara, Avi Jorisch, "On the Trail of Terror Finance: What Law Enforcement and Intelligence Officers Needto Know", Washington, D.C.: Red Cell Intelligence Group, 2010, p. 171.

[4] Nick Ridley, "Terrorist Financing: The Failure of Counter Measures", Cheltenham &Northampton: Edward Elgar, 2012, p. 124.

[5] 温海燕:《恐怖融资与涉恐资金检测分析路径及方法》,《武警学院学报》2017 年第 3 期。

世纪 90 年代早期的估计,"爱尔兰共和军"通过大规模盗版录像带筹措超过 200 万英镑的收入,占其全年收入 1050 万英镑的 20%。① 2009 年,兰德公司在一份研究报告中提到,伪造 CD、DVD 是恐怖融资的一种形式,并且至少在拉丁美洲三角地带、北爱尔兰边境地区和印度边境地区这三个恐怖主义活跃地区都广泛存在,涉及的恐怖组织包括"基地"组织、"爱尔兰共和军"和"虔诚军"等。②

对于恐怖分子而言,盗版产品的非法交易是成本相对较低而边际收益很高的一种方式。但实际上,大多数恐怖组织都不愿意直接参与盗版和伪造假冒产品,而更愿意间接地从参与知识产权犯罪的同情者和支持者处获得资金支持。

(四)其他非法渠道

除了抢劫、绑架、毒品走私等非法渠道外,恐怖组织还通过香烟走私、信用卡诈骗、盗窃等方式进行恐怖融资。

一是香烟走私。2001 年,"爱尔兰共和军"通过犯罪活动筹集了 700 万英镑的资金,其中来自东欧的烟草走私是最大的收入来源。③

二是信用卡诈骗。恐怖分子不仅可以通过信用卡运营资金,还可以用信用卡向其成员转移资金。美国反恐怖融资专家、联邦调查局前探员丹尼斯·洛梅尔(Dennis Lormel)在 2008 年 9 月发布的一篇题为《恐怖主义和信用卡信息窃取》的白皮书中写道:"信用卡信息盗取、信用卡诈骗已成为恐怖分子筹措资金的重要来源。"④ 1998 年 2 月,美国特

---

① Phil Williams, "Terrorist Financing and Organized Crime: Nexus, Appropriation, or Transformation?", in Thomas J. Biersteker, Sue E. Eckert, "Countering the Financing of Terrorism", London and New York: Routledge, 2008, p. 137.

② G. E. Treverton, C. Matthies, K. J. Cunningham et al, "Film Piracy, Organised Crime and Terrorism", Santa Monica: RAND Corporation, 2009, p. 133.

③ Loretta Napholeoni, "Terror Incorporated: Tracing the Dollars Behind the Terror Networks", New York: Seven Stories Press, 2005, p. 35.

④ Jeremy M. Simon, "Study: Terrorists Pay with Credit Cards", Credit Cards. com, October 1, 2008.

勤局侦察办公室副主任理查德·芮德（Richard Rode）在美国参议院反恐委员会作证时表示，中东恐怖组织的几名成员已经申请并收到了40多张信用卡，并通过这些信用卡套现了450万美元。丹尼斯·洛梅尔补充道："他们通过假冒身份或窃取身份来申请信用卡，使得其身份难以追踪，信用卡诈骗受到恐怖组织的青睐。"[1] 根据美国联邦调查局的调查，"9·11"事件中的劫机者也曾通过信用卡诈骗来筹措资金。

三是高利贷。银行一般不愿向失业的人提供贷款，在北爱尔兰地区的贫困工业区，"爱尔兰共和军"填补了空白，提供了广泛的贷款，但利息高达50%。[2]

四是汽车盗窃等。恐怖组织不仅通过盗窃汽车来获利，还可以将汽车作为恐怖袭击的工具，或者作为恐怖组织运营的重要保障。有证据显示，从美国走私出去的被盗窃车辆已经成为包括恐怖分子在内的多种犯罪网络的一部分。[3]

五是伪造钞票和文件。2008年，美国圣安德鲁斯大学恐怖主义和暴力研究中心主任马格努斯·兰斯托普（Magnus Ranstorp）指出："伪造货币是支持国际恐怖主义的三大主要收入来源之一。"[4] 车臣武装分子在格鲁吉亚使用伪造货币，特别是使用高质量伪造美元，在格鲁吉亚购买商品或服务。伪造货币和官方政府文件是支持恐怖主义和犯罪网络的众多便利活动之一。恐怖分子可以利用伪造的文件，在不受政府安全人员审查的情况下，方便进出国境。伪造的文件也可以用来筹集现金，或者用来建立虚假的身份和公司，进行洗钱或处理贩毒或其他非法

---

[1] Loretta Napholeoni, "Terror Incorporated: Tracing the Dollars Behind the Terror Networks", New York: Seven Stories Press, 2005, p. 176.

[2] Stein-Fr Kynoe, "Financing the Loyalists in Northern Ireland", in Michael Freeman, "Financing Terrorism: Case Studies", Farnham: Ashgate, 2012, p. 177.

[3] Bryan Bender, "US Car Theft Rings Probed for Ties to Iraq Bombings", *The Bostion Globe*, October 2, 2005. http://archive.boston.com/news/world/articles/2005/10/02/us_car_theft_rings_probed_for_ties_to_iraq_bombings.

[4] Nick Ridley, "Terrorist Financing: The Failure of Counter Measures", Cheltenham &Northampton: Edward Elgar, 2012, p. 129.

收入。

六是倒卖文物。通过盗取文物并出售来进行恐怖融资，是"伊斯兰国"的一个鲜明特点。"伊斯兰国"从非法出售文物中赚取收入的能力取决于其控制区域内文物的数量，虽然很难直接找出"伊斯兰国"和被出售的某件特定文物之间的联系，但"伊斯兰国"通过出售掠夺的文物和向通过其控制区域运送文物的贩子征税这两个方面来获利却是确凿的。伊拉克安全部队缴获的文件显示，"伊斯兰国"和叙利亚的其他非法组织从叙利亚被盗取的文物中挣了数千万美元。同时，"伊斯兰国"还占据了超过4500处考古遗址，其中一些被联合国教科文组织列为世界文化遗产。叙利亚90%的文物都位于战乱地区，这使得大规模的文物盗抢成为可能。[1]

虽然恐怖组织的非法收入在其全部收入中占比不高，但恐怖组织与有组织犯罪集团的合作所带来的乘数效应，可能带来毁灭性的后果。它不仅会给相关国家和社会及普通民众带来极大威胁，并且很容易逃避反洗钱和反恐怖融资的监管，给国际政治和国际经济金融秩序带来危害。恐怖组织会采取伪造身份、编造事由等多种方式，向国际慈善机构、国外政府等获得物资援助，或者改变资产的属性与用途来赚取巨额的利益。比如伊拉克恐怖组织曾经因势利导，把联合国提供的1000辆货车进行改装，使其成为武装车辆，以此作为开展恐怖活动的物资。[2] 根据以上分析，恐怖融资各种非法收入来源都曾被不同的恐怖组织采用，而各种方式之间各有特点，具体见表4—1。

---

[1] The Financial Action Task Force (FATF), "Financing of the Terrorist Organisation Islamic State in Iraq and the Levant (ISIL)", 2015, http://www.fatf-gafi.org/documents/documents/financing-of-terrorist-organisation-isil.html.

[2] Oliver Burkeman, US "Proof" over Iraqi Trucks, Clunrdian, March 7, 2002.

表4—1 恐怖融资供给侧非法收入来源比较

来源方式	专业知识需求	进入成本和障碍	趋势
毒品走私	毒品制造需要专业知识，运输不需要专业知识	需要一定资金投入；竞争激烈	以天然植物为原材料的毒品生产受自然条件影响；毒品需求大导致毒品运输空间大
商品走私	几乎不需要专业知识	需要一定的商品成本投入；有一定的竞争；部分商品存在准入资格问题	市场规模和市场准入受限
人口贩运	需要了解边境管控规定	成本较低，可能需要伪造证件或向边防人员行贿	受限于全球移民的发展趋势
绑架勒索	几乎不需要专业知识	成本极低；进入无障碍；私人安保带来挑战	在政府治理能力欠缺的地区几乎不受限制
知识产权犯罪	需要一定的技术和专业知识	需要投入一定的生产设备；需要投入措施应对反知识产权犯罪	受限于伪造或侵权产品的质量

资料来源：Jeanne Giraldo, Harold A. Trinkunas, "Terrorism Financing and State Responses: A Comparative Perspective", California: Stanford University Press, 2007, pp. 46 - 47。

越来越多的分析人士认为，利用犯罪活动来筹集资金，会给恐怖组织带来另一种脆弱性。恐怖组织通过犯罪这种"来钱快"的方式获得大量资金，使得恐怖分子可能放弃他们的意识形态目标，转而追求金钱利益。

此外，随着互联网信息技术的快速发展，所有恐怖组织都使用互联网来为自身的活动筹集资金。例如，"基地"组织便通过私人聊天室、公共论坛中的专门页面来进行筹资，而且指明利用银行渠道电汇、通过现金走私和报告额度以下的小额资金等具体方式来转移资金。尽管恐怖组织的主要成员已在网络世界中被界定为国际恐怖分子，但是大量级别较低、对恐怖主义网络贡献大的恐怖组织成员却无法被一一识别。"伊斯兰国"通过操纵社交媒体和虚拟社交网络,并采用众筹的方式来募捐资金,通过控制与"伊斯兰国"有关的几十个社交媒体账户,传播宣传"伊斯兰国"政治主张,获得包括资金在内的各种支持。"伊斯兰国"在互联网和社会媒体上的存在,使它能够将国际支持转化为有形的资金,社交媒体平台无意中为恐怖组织及其同情者提供了一种有效的恐怖融资方式。

第三节 恐怖组织融资方式的多元化趋势

整体来看,恐怖融资的形式多种多样:一是可以通过国家及非国家行为体的资助来获取资金;二是可以通过石油、钻石及其他"合法"生意获得收入;三是可以通过类似收取保护费的"征税"方式获得收入;四是可以通过抢劫、绑架、毒品交易等非法渠道获得收入。

一般来说,恐怖组织会选择多种融资方式。不同的恐怖组织由于其组织架构和目标各不相同,其恐怖融资方式也有所区别。等级结构森严的恐怖组织与去中心化、网络化的恐怖组织自然不同,有明确领土主张的恐怖组织与具有全球野心的恐怖组织也有所不同。恐怖组织选择什么样的恐怖融资方式,不仅与其意识形态密切相关,还与其所处环境以及全球经济金融系统的联系密切相关。例如,是否选用毒品作为其恐怖融资方式,不仅与其宗教信仰有关,也与其所处地域是否位于毒品供应链相关。像"爱尔兰共和军保守派"参与北爱尔兰的毒品贸易,而"临时爱尔兰共和军"却几乎不参与毒品贸易;"临时爱尔兰共和军"从移民社区获得资助,而"爱尔兰共和军保守派"却几乎没有得到过这些资助。[①]

根据艾米莉·奥夫泰德对欧洲40个恐怖组织的研究,大多数恐怖

---

① Michael Freeman, "Thinking Critically about Terrorist Financing", in Michael Freeman, "Financing Terrorism: Case Studies", Farnham: Ashgate, 2012, pp. 238-239.

组织都依赖于不止一个恐怖融资来源。其中，恐怖分子个人资产是目前为止最常见的资金来源，在研究涉及的40个欧洲恐怖组织中有58%在一定程度上依赖于组织成员个人资产来资助恐怖活动。另一个最常见的收入来源是盗窃和抢劫（有28%的恐怖组织涉及），以及毒品、汽车、伪造文件和武器等各种商品的非法贸易（也有28%）。此外，大约有25%的恐怖组织受到"基地"组织等国际恐怖组织的支持，也就是说有75%的恐怖组织没有得到国际恐怖组织的资金支持，这表明外部支持不是恐怖融资的关键因素。尽管部分伊斯兰慈善机构在相关文献和媒体上受到了很多关注，但在欧洲恐怖组织融资中却占比很小，在40个案例中只有2个（占5%）涉及伊斯兰慈善机构。整体上，这40个欧洲恐怖组织的融资方式可以被归为四种：合法活动、非法活动、民众支持、恐怖分子支持。其中，有29个恐怖组织（占73%）通过合法活动筹措资金，有15个恐怖组织涉及非法活动融资和国际恐怖分子的支持，慈善机构、捐赠基金和筹款活动等民间支持只资助了8个恐怖组织，[1]具体如图4—3所示。

当前，恐怖组织融资渠道的多元化增加了恐怖组织行动的独立性。因此，恐怖组织根据利益最大化原则对其融资方式进行多元化设计是合理的，符合理性人假设。多元化的恐怖融资方式也给恐怖组织带来了更大灵活性，其融资网络也具有较大的冗余性，符合网络理论或复杂性理论的组织设计方式。

而实际上，就算是同一个恐怖组织，在不同时期也可能采取不同的恐怖融资方式组合。比如"泰米尔猛虎组织"最初从一些国家资助中获取部分资金，尔后转向毒品、绑架、勒索等非法活动；伊拉克叛乱组织也从最初主要依赖外国政府的资助和国际武装人员带来的现金收入，转向依赖非法活动。"泰米尔猛虎组织"在1990年和1994年和平谈判之后，获得的侨民捐款大幅下降，其资金来源更多转向合法投资，并将

---

[1] Emilie Oftedal, "The Financing of Jihadi Terrorist Cells in Europe", "Norwegian Defence Research Establishment (FFI) Report", 2014/02234, January 6, 2015, p.19.

(个)

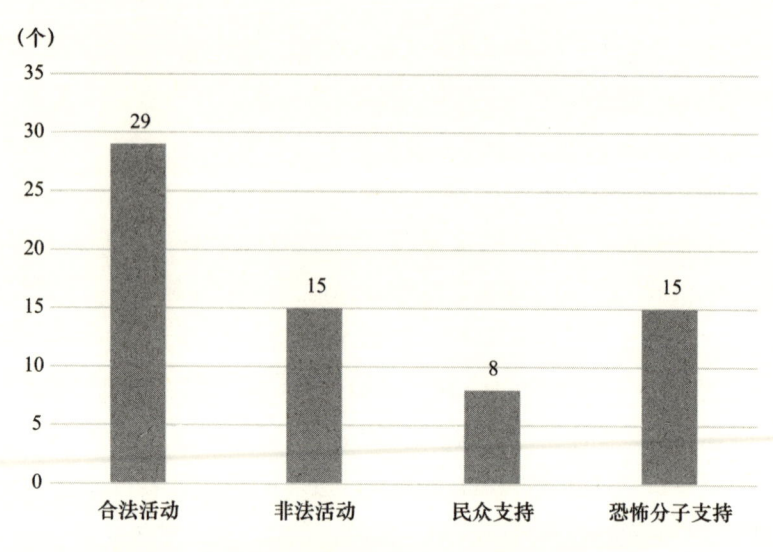

图 4—3 采用不同恐怖融资方式的欧洲恐怖组织数量图

其作为稳定的收入来源。①"库尔德工人党"在20世纪90年代通过欧洲的捐款获得的收入达5000万美元,而到2008年,其每年从毒品和武器走私等渠道获得收入达到3亿—4亿欧元,而从捐赠中仅获得1500万—2000万欧元。②

下面,我们通过几个案例来说明不同恐怖组织融资方式的多元化。

一、"伊斯兰国"

尽管"伊斯兰国"的规模和影响都在持续下降,但2019年仍造成942人死亡,成为其2013年开始活跃以来第一次年致死人数低于1000

---

① Jeanne Giraldo, Harold A. Trinkunas, "The Polotical Economy of Terrorism Financing", in Jeanne Giraldo, Harold A. Trinkunas, "Terrorism Financing and State Responses: A Comparative Perspective", California: Stanford University Press, 2007, p. 13.

② Moyara Ruehsen, "Partiya Karkeren Kurdistan (PKK)", in Michael Freeman, "Financing Terrorism: Case Studies", Farnham: Ashgate, 2012, p. 66.

人。①"伊斯兰国"仍然被认为是目前对国际社会威胁最大,也是最富有的国际恐怖组织。根据美国有关部门的统计,"伊斯兰国"拥有20亿美元的资产。②当前,"伊斯兰国"已形成了由资金来源(石油走私、绑架人质、外国援助等)、资金流向(恐怖袭击、人员培训、媒体宣传等)、投射影响(扩散"恐怖效应")组成的一个自成体系的资金循环链,进而在全球形成了造血式融资模式。

"伊斯兰国"的发展演变深受中东局势的影响,按照资金来源可以把"伊斯兰国"的发展大体上划分为三个阶段。

第一阶段是依附"基地"组织阶段(1999—2006年)。1999年,约旦人扎卡维在"基地"组织的资金支持下建立了"团结圣战团";2004年10月,扎卡维利用伊拉克战争的混乱来到伊拉克北部地区扎根,并将"团结圣战团"更名为"伊拉克基地组织",成为"基地"组织众多分支中的一支。在这一时期,虽然资金问题受到"基地"组织领导层的掣肘,但该组织并没有放弃自身的独立目标。

第二阶段是资金自主阶段(2006—2011年)。这一时期由于外部各方力量的打击,"伊斯兰国"转入地下活动。但也正是在这一时期,该组织逐渐摆脱对"基地"组织资金的依赖,在伊拉克发展出自己独立的资金链体系。稳定的资金来源也促使该组织将建立政权的政治目标提上日程。扎卡维被炸死后,其继任者马斯里将该组织更名为"伊拉克伊斯兰国"。

第三阶段是资金"国家化"阶段(2011—2017年)。随着美国的匆忙撤军,伊拉克什叶派政府对于逊尼派的压制及西亚北非局势动荡在叙利亚造成的动乱,为该恐怖组织的扩张提供了历史机遇。"伊斯兰国"打败众多竞争对手,在伊拉克和叙利亚占据大片土地和人口。依靠控制

---

① National Consortium for the Study of Terrorism and Responses to Terrorism (START), University of Maryland, "The Global Terrorism Database (GTD)", 2020, https://www.start.umd.edu/gtd.

② 时吴华:《金融国策论》,社会科学文献出版社2015年版,第89页。

区的土地和人口，该组织逐渐走上资金"国家化"的道路，其中最为典型的便是对于伊拉克和叙利亚石油资源的掠夺。在这一阶段，"伊斯兰国"资金丰裕程度与其所占领的土地呈现明显的相关性。在2013年至2015年下半年"伊斯兰国"疯狂扩张阶段，"伊斯兰国"收入亦大幅增长。而随着该组织的军事失利，其控制土地逐渐缩小。2016年6月底，根据美国反"伊斯兰国"联盟总统特使雷特·麦格克（BrettMcGurk）在国会的证词，与其"鼎盛"时期相比，"伊斯兰国"已在伊拉克丧失了约47%的地盘，在叙利亚丧失了约20%的地盘，且其所丢控制区皆为战略位置重要的地区，包括边境线、重点城市及交通枢纽，"伊斯兰国"已陷入了资金困境。

根据金融行动特别工作组的报告，"伊斯兰国"主要的恐怖融资来源有：非法收入，包括银行抢劫、勒索、绑架赎金、控制油田和炼油厂、抢劫经济资产和非法收税；捐赠收入，包括通过非营利性组织所得资金；国际恐怖分子支持。这些收入来源在"伊斯兰国"恐怖融资结构中的比重随着经济资源的可得性和国际联军对"伊斯兰国"的打击而随时变化。

（一）石油收入

石油收入一直是"伊斯兰国"最主要的资金来源之一。2015年，"伊斯兰国"控制的油田每天可以生产7.5万桶原油，每天收入达130万美元。但由于"伊斯兰国"不具备足够的技术专家和石油生产设备，因此无法完整利用石油产能、提升石油产品附加值。而且，以美国为首的打击"伊斯兰国"全球联盟在2017年初摧毁了"伊斯兰国"超过2600个与石油开采、精炼与销售有关的地点。

"伊斯兰国"从被其控制的油井中抽取原油，以市场价格的1/4出售给中间人。日趋严格的国际制裁阻止了"伊斯兰国"出售自己的石油，因此转入了不受监管的地下市场。与多数人认为的"伊斯兰国"通过石油出口获得收入不同，事实上它主要将石油贩卖给周边的武装组织，包括与其作战的叙利亚北部反对派武装和东部库尔德武装。不仅如此，"伊斯兰国"还将原油出售给自己的敌人。

（二）"税收"收入

通过对控制区内的居民"征税"，"伊斯兰国"获得巨额收入。据恐怖主义研究专家估计，2014年，"伊斯兰国"获得了约3.5亿美元的"税收"收入，2015年则为约6亿美元。

"伊斯兰国"对占领区所有工商企业、各项商业活动都征收重税，包括"商品交易税"、"电信公司运营税"、"银行取现税"（对从银行提取的现金征收5%的税）、"工资税"、"路税"、"边界往返税"。其中，"路税"和"边界往返税"占有重要份额，"伊斯兰国"对于从叙利亚和约旦进入"伊斯兰国"控制区域的卡车征收"卡车税"。截至2014年9月，税费为食品类每车300美元，电子产品类每车400美元，有时普通卡车统一征税800美元。同时在伊拉克北部对每辆车征收200美元的"道路税"。根据伊拉克相关人士分析，"伊斯兰国"对从伊拉克进入"伊斯兰国"控制区域的卡车征收关税高达每年1.4亿美元。

在"工资税"方面，根据伊拉克政府分析人士透露，"伊斯兰国"根据工资等级收取4%—5%的"工资税"。对于每月收入低于600美元的征收4%的"工资税"，而对于每月收入在600—1000美元的征收5%的"工资税"。据估计，其在2015年，仅此项就获得大约2300万美元的"税收"收入。

根据日内瓦安全政策中心的研究，"伊斯兰国"对商品征收10%—15%的商业税，2%的当地销售税；对药物征收10%—35%的税；对每公顷农田每年征收46美元，而对小麦和在当地市场出售的农作物征收10%的税。2015年，"伊斯兰国"通过对控制区个人及企业所征收的高额税收占其收入的30%。而到了2017年，"伊斯兰国"已经失去了曾在伊拉克和叙利亚境内60%的区域，其中包括大量与石油生产有关的地区，以及"伊斯兰国"的大部分税基，特别是摩苏尔等人口密集的城市。据估计,"伊斯兰国"的收入从 2015 年的每月 8100 万美元下降到 2017 年的 1600 万美元,而这种下降趋势还将继续下去。

除了"税收"之外,"伊斯兰国"还通过暴力威胁每月向控制区居民强行征收数百万美元的"保护费"。例如,在校儿童必须支付月度费用:小学生 22 美元,稍长的孩子 43 美元,大学生 65 美元;在"伊斯兰国"控制区的公路上开车,还得向其守卫支付 200—1000 美元的"买路钱";甚至还有一种专门针对基督徒的特殊税种——类似黑社会"保护费"的"吉孜叶"。

"伊斯兰国"还学会了如何使用特殊税收从合法的伊拉克政府处虹吸资金。截至 2015 年底,伊拉克政府仍然负责伊拉克北部尤其是摩苏尔地区伊拉克公务人员的工资,而此前伊拉克政府每年在此项的支出达到 20 亿美元,"伊斯兰国"对此征收 10%—50% 的税。

(三)非法活动

随着"伊斯兰国"控制区域的不断缩水,其通过石油和"征税"所能获得的收入大幅压缩,开始转向抢劫、绑架等非法活动。

绑架人质从而获取赎金,是"基地"组织等传统恐怖组织获取资金的主要手段之一,也被"伊斯兰国"所继承。"伊斯兰国"绑架人质对象不仅仅来自于欧美国家,亚洲的日本等地,甚至为伊斯兰国家的土耳其也有遭到绑架者。绑架人质、换取赎金较之恐怖袭击、石油走私等渠道,具有"成本低、风险小、收益高"的特征。一旦"伊斯兰国"与对象国达成协议,获得了赎金,那就不仅获得了巨额资金,而且还变相地扩大了"伊斯兰国"的影响,这对于"伊斯兰国"显然有利无害。据美国财政部官员透露,2014 年"伊斯兰国"从绑架人质中获取大约 2000 万美元,2015 年更是获得高达 4700 万美元的赎金。而联合国对此做出更高的估计,认为"伊斯兰国"在 2014 年获得赎金在 3400 万美元至 4500 万美元之间。2012 年,"伊斯兰国"绑架美国记者詹姆斯·弗利,要求赎金 1.32 亿美元,绑架两名日本人质要价 2 亿美元,但美国和日本都拒绝支付赎金。在两起绑架案中,人质都在录像中显示被杀害。因为大多数国家都坚持联合国决议——在任何情况下不对恐怖分子用这种方式进行资助。

除了绑架获取赎金外,"伊斯兰国"还通过"控制银行"获得新的增收领域。2014年,"伊斯兰国"从银行偷走了十亿美元。"伊斯兰国"侵占伊拉克城市摩苏尔期间,从伊拉克央行分支机构那里征获了估值4.5亿美元的现金和黄金。同时,"伊斯兰国"还把私人银行和国有银行区别对待,例如,它不碰私人银行的钱——宁愿"收税",也不愿使人们撤回现金。

从现实意义上考虑,贩卖文物是"伊斯兰国"实现其财政收入来源多元化的重要一步。面对国际社会对其石油资金收入进行严重打击,文物贩卖的资金来源,对于"伊斯兰国"稳定财政、保证组织基本生存具有了"战略性"意义。文物贩卖具有明显的风险小、成本低的优势,不同于石油开采,文物挖掘点不会被作为国际联军空袭的目标。更重要的是,与敲诈勒索、征税罚款、直接抢夺私人和公共财产不同,文物贩卖并不会引起当地人的反感。据布鲁金斯学会中东政治研究学者估算,自2014年年中开始,"伊斯兰国"非法贩卖历史文物每年给其带来超过1亿美元的收入。据美国国会研究处的数据显示,非法文物交易收入已经成为"伊斯兰国"仅次于石油收入的第二大创收来源。

(四)工农业生产

除石油外,"伊斯兰国"还对天然气、磷酸盐等自然资源进行掠夺。伊拉克已探明天然气储量为3.2万亿立方米,占世界已探明总储量的1.7%,居世界第十位。伊拉克境内最大的阿卡斯天然气田位于西部安巴尔省,这一地区是当地逊尼派穆斯林居住区,也是"伊斯兰国"较早控制的地区。"伊斯兰国"不仅通过原油生产这种原材料供应获取收入,还通过控制区域内的工矿企业进行工业生产获得收入。"伊斯兰国"曾夺取安巴尔省阿卡沙特磷酸盐和硫磺工厂,以及水泥制造设施。

据估计，这些工厂总计可以生产价值超过 13 亿美元的产品。

在农业生产方面，"伊斯兰国"占领的伊拉克尼尼微省和萨拉赫丁省，位于美索不达米亚冲积平原，土地肥沃，是伊拉克主要农产区之一。联合国粮农组织估算，"伊斯兰国"曾经控制伊拉克境内 40% 的小麦生产和 53% 的大麦生产。农产品被"伊斯兰国"拿到黑市交易，凭借低于市价约 50% 的特价，销路极好。仅这两种农产品交易，"伊斯兰国"每年获利就在 2 亿美元左右。由于控制着拉卡省和代尔祖尔地区，"伊斯兰国"同时也控制着叙利亚 75%—80% 的棉花产量，在 2015 年有 12000 吨棉花以市场价的 70% 通过中间商销售出去，大部分的最终买家来自于靠近叙利亚边境的土耳其商人。

（五）捐赠收入

"伊斯兰国"还长期从海外获得资金支持。新加坡《联合早报》网站曾报道，俄罗斯总统普京曾谴责"伊斯兰国"得到了 40 个国家的资金支持。但目前没有可靠的证据显示外国政府有意向"伊斯兰国"提供资金支持。"伊斯兰国"借助新媒体大规模传播攻击性的复仇画面，影响具有极端思想的个人与组织，并从他们手中获得捐款。同时也接受来自海湾国家的捐赠，这部分资金来自于该组织在海湾地区国家中的支持者。捐助资金往往借助"人道主义援助"的幌子进入"伊斯兰国"的资金库里。

2013—2014 年间，"伊斯兰国"从私人募捐者处获得大约 4000 万美元的资金。2015 年，科威特将涉嫌以人道主义组织名义向"伊斯兰国"转移资金达 40 万美元的五名资恐人员判处十年监禁。

根据经济与和平研究所的调查，"伊斯兰国"在 2014—2016 年的收入不断下降，并且来自不同渠道的收入比例也不断发生变化。具体如图 4—4 所示。

二、"基地"组织

恐怖分子网络是以一个庞大的金融结构做支撑，"基地"组织资金

(百万美元)

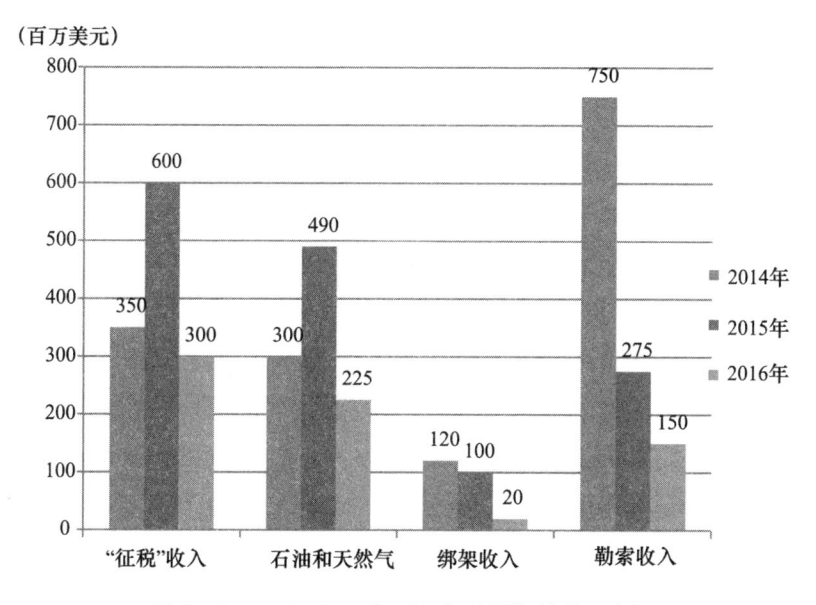

图4—4 2014—2016年"伊斯兰国"的收入来源

来源的变化反映了"基地"组织运营模式的变化。"基地"组织最初的资金来源是本·拉登个人资产以及海湾国家一些富豪们的捐助,由慈善机构、非政府组织、清真寺组成的捐赠网络成了"基地"组织的主要资金来源,主要有以下四种[①]:

一是投资经营实业。本·拉登早在1991年就在苏丹开办了名为"瓦迪·阿克基"的公司,经营投资公司、贸易公司、基础设施建设、糖和棕榈油等,为其恐怖活动筹集资金。

二是海湾国家一些富商和基金会的捐赠。在阿拉伯世界和西方穆斯林地区的一些伊斯兰慈善机构不仅资助伊斯兰社会、文化和教育项目,还直接或间接支持恐怖行动。

三是通过毒品、军火的走私、贩卖来获得资金。从20世纪90年代开始,"基地"组织便向坦桑尼亚等地区走私钻石等物品,并将其运到迪拜等地从中牟利。

---

① 时吴华:《金融国策论》,社会科学文献出版社2015年版,第87—88页。

四是操纵金融市场或投资行为获取利润。恐怖组织会利用自己的闲散资金进行投资，以此来获取额外的利润。比如在"9·11"事件爆发后，恐怖组织预料到股市会大跌，对此其依托自身对信息的把握，不断地买卖股票，由此赚取巨额利润。

21世纪初，随着捐助来源的不断枯竭和"基地"组织的不断扩张，"基地"组织开始转向其他的筹资方式，包括银行抢劫、贩毒和劫持人质等。由于组织结构分散的问题，全世界的"基地"组织分支机构的融资策略各不相同。"基地"组织在索马里和肯尼亚的阿尔—沙巴布，通过直接抢夺非政府组织和其他组织的资产来获得收入，在叙利亚则通过绑架外国人来获得收入。[①]"基地"组织在不同时期的恐怖融资来源见表4—2。

表4—2 "基地"组织不同时期的恐怖融资来源

主要活动地	时期	恐怖融资主要来源
巴基斯坦	1984—1991年	中东富商和慈善组织捐赠
苏丹	1991—1996年	经商；本·拉登个人资产
阿富汗	1996—2001年	塔利班支援；慈善组织捐赠；走私
全球活动	后"9·11"时代	通过违法犯罪活动自筹资金

资料来源：Rohan Gunaratna, "The Evolution of al Qaeda," in Thomas J. Biersteker, Sue E. Eckert, "Countering the Financing of Terrorism", London and New York: Routledge, 2008, p. 58。

三、"博科圣地"

"博科圣地"，正式名称是"致力传播先知教导及圣战人民军"（People Committed to the Propagation of the Prophet's Teachings and Jihad），其发源地迈杜古里的居民以豪萨语称呼该组织为Boko Haram，常被译为

[①] Institute for Economics and Peace (IEP), "Global Terrorism Index 2017", November 2017, p. 84.

"博科圣地"或"博科哈拉姆",是2002年成立于尼日利亚的伊斯兰极端主义组织,主张在尼日利亚推行宗教法律,反对西方教育。该组织与"基地"组织有关联,其武装分子经常出没于尼日利亚与喀麦隆北部接壤地区,袭击村庄、掠夺村民,有时还实施绑架。2010年12月,"博科圣地"在尼日利亚首都阿布贾发动炸弹袭击,造成130人死亡;2012年1月20日,在尼日利亚北部最大城市卡诺市发动连环爆炸与枪击事件,造成至少80人死亡;2014年,在"伊斯兰国"的鼓动下,共杀害1000多人;2015年3月7日,该组织领导人谢考在"推特"上宣布效忠"伊斯兰国",成为西非最具影响力的恐怖组织。2020年2月9日,尼日利亚博尔诺州遭到武装人员袭击,造成至少30人死亡,武装人员还绑架了妇女和儿童,并烧毁18辆运输食物的车辆。尼日利亚博尔诺州州长祖卢姆认为,此次袭击是"博科圣地"所为。"博科圣地"成立十多年来,频繁在尼日利亚东北部地区实施暴力袭击活动,导致数万人死亡、230多万人流离失所。该组织被联合国、美国、尼日利亚等列为恐怖主义组织。与"伊斯兰国"和"基地"组织不同,"博科圣地"没有复杂的融资结构,该组织主要是通过绑架索要赎金、抢劫银行及其他非法活动获得资金。

大规模绑架外国人和平民以索要赎金是"博科圣地"筹集资金的一个方式。"博科圣地"组织有一个专门的绑架小组,专门绑架政客、商人、外国人、政府官员,以换取大笔金钱或交换其他"博科圣地"武装分子。2013年,"博科圣地"绑架了一个法国家庭,获得了300万美元的赎金;2017年初则与尼日利亚政府谈判,以被绑架的女学生换取释放了一些被监禁的"博科圣地"成员。

"博科圣地"的资金来源还包括来自集团成员的捐赠、腐败的政客以及其他国家的支持者或组织。还有证据表明,"博科圣地"通过确保非法毒品贸易在尼日利亚的安全过境来获得收入,并通过抢劫尼日利亚军火库来为其筹备武器装备。

第五章 恐怖融资的流通转移渠道分析

资金是价值的一种表达工具，而在需求和供给，也就是收入和支出之间必须有一个流通转移和价值转换的过程。在现代社会，价值的转移可能不是以现金或现金等价物的形式出现，而是以任何可能的形式（比如商品、服务）出现。恐怖组织在完成资金筹措后，要想把资金用于恐怖主义活动，进而实现其既定目标，就必须进行资金的流通转移。不仅是接受外部资助的恐怖组织会涉及资金转移，即使是完全依靠自我融资的恐怖组织也会涉及在成员之间转移资金，因此恐怖融资的流通转移渠道成为连接恐怖融资需求侧和供给侧的重要媒介，其成功与否决定了恐怖融资能不能真正成功，流通转移的效率则直接影响恐怖融资的效益。

由于正规金融系统受到监管部门的密切关注，正规金融系统之外的地下钱庄等非正规价值转移体系成为恐怖融资流通转移的重要渠道。此外，还有很多公司和商业实体也成为恐怖组织的掩护，为恐怖组织转移资金、逃避监控提供方便。这些表面上合法的商业机构，通过在各个地区设立一系列的分支机构作为掩护，在公司集团内部进行操作，以隐藏各种犯罪和恐怖活动。

总体上，恐怖融资的资金流通渠道类型主要包括正规的金融系统（银行等）、非正规价值转移体系（"哈瓦拉"、地下钱庄等）、基于贸易的价值转移（利用虚假的货物和服务贸易等）以及新兴方式（虚拟货币和网络支付等）等。

| 第五章 恐怖融资的流通转移渠道分析 |

第一节 正规的金融系统

由于正规金融机构能够提供各种金融服务,金融机构的不透明性、复杂性和保密性为恐怖融资提供了便利。利用传统的、正规的金融机构进行资金交易是恐怖融资常用的一种渠道,主要有以下三种方式:其一,选择注重客户隐私的银行,依托其客户信息的高度保密性这一优势实现资金的转移。其二,选择信誉良好、资金雄厚的银行作为开户行,将资金分散转移到不同地区和不同账户。调查显示,包括花旗银行、渣打银行等国际知名银行在内,都曾经作为恐怖组织资金转移的载体,为恐怖组织提供转账、取款等金融服务。① 其三,恐怖组织会通过多批次小额度的转账进行资金转移,以避开相关资金监测程序。通过各种形式的掩护和隐藏,恐怖组织能够借助正规的金融系统,把黑钱洗白,使其呈现出表面合法化的特征。

银行汇款具有快速、隐蔽、不受地域限制等优点,恐怖资金的转移可以隐藏在海量的汇款之中不易被察觉,并通过银行遍布全球的分支机构方便地实现全球转移。成立于20世纪60年代并于1991年被关闭的国际商业信贷银行(BCCI),不仅从事洗钱、财务诈骗等犯罪活动,还为不少恐怖组织提供资金转移服务,成为恐怖组织经济的支持载体。比如,本·拉登曾在该银行开设了多个账户,并与"基地"组织的金融网相对接,以满足恐怖组织资金转移、洗黑钱等需求。② 1988年,穆斯林兄弟会在巴拿马注册了塔克瓦银行(Al-Taqwa Bank),为恐怖组织的活动提供资金转移服务,并且在瑞士、意大利、阿尔及利亚、德国等

---

① 郝琦:《浅论恐怖主义融资》,《东方企业文化》2013年第13期,第188页。
② 姜英梅:《伊斯兰金融中的政治问题》,《世界宗教研究》2014年第5期。

多个国家设有支行。① "9·11"事件之后，美国联邦调查局的调查表明，"基地"组织劫机者曾在美国的四家银行开设了银行账户，并通过银行系统进行了多次资金转移。② 据《泰晤士报》报道，汇丰银行上千万的客户中，有13名客户被认定为恐怖分子，这些人长期与叙利亚伊斯兰恐怖组织保持联系，而且与"伊斯兰国"也存在一定的关系。2012年，汇丰银行因为涉嫌帮助墨西哥恐怖组织洗黑钱而被罚款19亿美元。③ 除此之外，包括德意志银行、意大利联合圣保罗银行等在内的全球顶尖银行，在近一两年都曾被美国等国家以反洗钱和反恐怖融资不力为由处以巨额罚款。

尽管部分反恐官员提出，像"基地"组织这样的恐怖组织一般都不使用国际金融体系，但根据美国财政部的调查，大部分恐怖组织都在使用正规的银行系统来转移资金。例如"伊斯兰国"就通过其控制的银行分支机构，进而通过国际金融体系来进行全球资金调配和跨境资金转移。④ "伊斯兰国"在控制了伊拉克和叙利亚的部分地区后，不仅可以通过控制区域的银行分支机构来进行恐怖融资，还可便利地在叙利亚和伊拉克之间进行转账。而伊拉克政府已采取措施，防止这些银行分支机构通过其总部接入国际金融系统。

在国际金融体系中占据重要地位的环球银行金融电信协会（Society for Worldwide Interbank Financial Telecommunications，SWIFT）诞生于1973年，主要是为各国实现金融信息互联互通，满足国际间支付清算快速增长，以便在成员间进行国际金融信息的传输。SWIFT清算系统的高效率与安全性使得世界各国的银行每天能处理大量的跨境交易，而无

---

① 张万洪：《人权视角下的中国金融反恐法律机制》，《西南政法大学学报》2019年第12期，第47—59页。
② Jimmy Gurulé, "Unfunding Terror: The Legal Response to the Financing of Global Terrorism", Cheltenham & Northampton: Edward Elgar, 2008, p. 151.
③ 陈立彤：《汇丰银行冤不冤》，《财新周刊》2016年第50期，第9页。
④ The Financial Action Task Force (FATF), "Financing of the Terrorist Organisation Islamic State in Iraq and the Levant (ISIL)", 2015, http://www.fatf-gafi.org/documents/documents/financing-of-terrorist-organisation-isil.html.

须进行面对面的接触。2006年，美国财政部向SWIFT发出传票，要求其提供涉及可疑国际恐怖分子的相关信息。之后，美国财政部恐怖融资追踪项目开始使用SWIFT的数据作为调查"基地"组织等恐怖组织的数据来源。[①]

除了银行之外，西联金融服务公司之类的正规汇款途径也经常被恐怖分子利用。西联金融服务公司曾在2017年1月和2018年1月因未能建立和落实有效的反洗钱和反恐怖融资法律法规，并疏于可疑交易报告的管理和及时上报，而被美国财政部下属的金融犯罪执法网络（FinCEN）处以巨额罚款。"9·11"事件之后，美国加强了对恐怖融资的打击力度，而欧盟的反恐怖融资政策却与美国的标准不同，且效率低下，导致大量恐怖组织开始转向通过欧洲的金融系统进行资金筹集和转移。在欧洲，空壳银行和离岸公司都是恐怖融资者转移资金的方式。此外，恐怖组织还以慈善组织为掩护名义，利用正规的银行系统将资金转移到其位于世界各地的办事处，再支付给恐怖组织。

第二节　非正规价值转移体系

国际反恐怖融资机制一直以来比较重视正规渠道金融活动，而对非正规渠道金融活动关注不够，而实际上恐怖组织和恐怖分子也经常使用"哈瓦拉"、地下钱庄等非正规价值转移体系来转移资金。"9·11"事件表明，恐怖分子使用的相当大数量资金是通过传统支付渠道以外的替代性汇款体系转移的。资金和价值转移服务公司在伊拉克和叙利亚"伊斯兰国"控制的区域为恐怖分子提供服务。这些服务公司在当地建立了可靠的经纪人网络，通过经纪人来进行资金转移、汇款及其他金融活

[①] U. S. Department of the Treasury, "Terrorist Finance Tracking Program: Fact Sheet", August 2, 2010, https://www.treasury.gov/resource-center/terrorist-illicit-finance/Terrorist-Finance-Tracking/Documents/TFTP%20Fact%20Sheet%20revised%20-%20（8-8-11）.pdf.

动。尤其是在"伊斯兰国"控制下的银行分支机构已无法进入国际金融体系的情况下，其可能会滥用这种转移资金的方式。

非正规价值转移体系，也可以被称为"地下钱庄"，在不同时期、不同国家和地区有不同的名称，比如"哈瓦拉"/"哈迪"（乌尔都语和印地语意为"信任"，在中东、中亚、南亚盛行）、Padala（菲律宾塔加拉族语中意为"发送"，盛行于菲律宾）、Phoe Kuan（意为信息屋，盛行于泰国）等。它们都具有一些相同的特征，比如允许资金发汇方匿名，没有交易双方的记录；即使有记录，执法部门也难以获取；没有财务透明度报告等。在大多数情况下，这些系统不受反洗钱机构的监管，其资金转移过程迅速（支付系统的性质决定了交易处理时间较短）而安全（由于控制措施不充分），不易被监管机构监测到，因而经常被犯罪分子使用。由于恐怖组织经常使用非正规金融系统进行资金转移，金融行动特别工作组及各国政府制定的许多反恐怖融资标准和措施所能起到的作用非常有限。据不完全统计，非正规价值转移系统每年转移的资金量高达数千亿美元。① 金融行动特别工作组认为，非正规价值转移系统越来越受到恐怖分子的重视。尽管恐怖组织运营其全部网络和行动需要较多的资金，但发动一起恐怖袭击的直接成本可能只需要1万—1.2万美元，这种规模的资金很容易通过非正规价值转移系统进行资金转移。其中最主要的两种方式是"哈瓦拉"和黑市比索交易，由于它们实际上不涉及资金跨境，导致传统的外汇监管措施难以奏效。

"哈瓦拉"是一个非正规的传统的价值转移体系，基于各方的信任在传统的银行系统之外运作。资金通过"哈瓦拉"的经纪人在电话或传真上完成转移，不留下任何痕迹，资金也未实际跨境。

当前，"哈瓦拉"在南亚、中东都有广泛的分支。"哈瓦拉"作为中东地区盛行的一种资金转移渠道，根据其使用情况，可以分为"白色

---

① Nikos Passas, "Informal Value Transfer Systems, Terrorism and Money Laundering: A Report to the National Institute of Justice", January 2005, p. 7, https://www.ncjrs.gov/pdffiles1/nij/grants/208301.pdf.

哈瓦拉"和"黑色哈瓦拉"两种。"白色哈瓦拉"主要是指劳工等普通民众使用"哈瓦拉"进行汇款;而"黑色哈瓦拉"是指恐怖分子及其他犯罪分子通过"哈瓦拉"进行洗钱和非法资金的跨境转移。

对于巴基斯坦、阿富汗等金融业发展不够发达的地区来说,"哈瓦拉"与正规金融机构相比,具有价格低廉和快捷方便的优势,因此受到广大普通民众的广泛欢迎。南亚地区在海外工作的侨民经常使用"哈瓦拉"向国内家属汇款。正如一个索马里银行家说的那样,"哈瓦拉"是穷人的银行。据《金融时报》2012 年的报道,在"巴基斯坦汇款计划"背景下,巴基斯坦每年有大约 40 亿美元通过银行转移,而通过"哈瓦拉"转移的资金却高达 60 亿美元。[①] 美国国务院估计,阿富汗只有 3% 的人使用正规银行系统,有 80%—90% 的人使用"哈瓦拉"来转移资金。[②] 根据联合国的统计,"哈瓦拉"产业每年的营业额达 2000 亿美元。也就是说,即使在埃及、沙特阿拉伯这些认定"哈瓦拉"为非法的国家,使用"哈瓦拉"的人并不都是犯罪分子,其中有相当一部分人仅仅是看中它的方便、可靠、价格低廉的优点。

当然,由于具有高效便捷、可信任与安全的特点,"哈瓦拉"经常被恐怖分子用来转移资金。印度执法部门高级官员曾表示,在印度发生的恐怖袭击 100% 都是通过"哈瓦拉"筹措和转移资金,在巴基斯坦发生的恐怖袭击也大多是通过"哈瓦拉"筹措和转移资金的。2008 年 11 月孟买袭击事件发生后,印度情报机构的调查显示,"哈瓦拉"不仅为 2008 年孟买袭击事件提供资金,也为 2008 年 7 月班加罗尔爆炸案和其他恐怖袭击事件提供了资金。"虔诚军"还通过"哈瓦拉"从海湾国家向其分支机构转移资金。"9·11"事件发生后,巴基斯坦和美国官员估计,"基地"组织从阿富汗转移出去了相当于 1000 万美元的资金,这

[①] F. Bokhari, "Pakistan Takes a Grip on Money Transfers", The Financial Times, May 21, 2012.

[②] U. S. Department of State, "International Narcotics Control Strategy Report2009", in John Cassara, Avi Jorisch, "On the Trail of Terror Finance: What Law Enforcement and Intelligence Officers Need to Know", Washington, D. C.: Red Cell Intelligence Group, 2010, p. 235.

些钱被带到巴基斯坦和阿富汗的边境,并使用"哈瓦拉"系统从巴基斯坦转移到迪拜。[1] 2010年,因参与纽约时代广场未遂汽车炸弹袭击被捕的巴基斯坦裔美国人费萨尔·沙赫扎德(Faisal Shahzad)表示,他通过"哈瓦拉"从巴基斯坦收到大约12000美元的资金用来发动汽车炸弹袭击。[2]

正如本·拉登曾经提到的,"哈瓦拉"反映了西方金融体系中的一条裂痕。[3] "哈瓦拉"不仅影响了政府税收,减少了政府外汇收入,从而对国际收支带来影响,而且由于其难以监管,经常被恐怖组织及其他犯罪团伙作为跨境转移资金的工具,在"9·11"事件后,逐渐引起有关国家执法部门的重视。

然而,世界各国对待"哈瓦拉"的态度却各不相同。在美国,"哈瓦拉"被认为是一种货币服务,只要在财政部进行登记并获得许可,即可合法经营。在阿联酋,"哈瓦拉"必须在阿联酋中央银行进行登记,并且将可疑交易,即"黑色哈瓦拉"进行上报。在印度,"哈瓦拉"是非法的,但是仍有大量的人在使用。据印度官员估计,通过"哈瓦拉"转移的资金约占正规金融系统的30%—40%[4]。在巴基斯坦,每年至少有20亿—50亿美元的资金通过"哈瓦拉"系统进行转移[5]。在阿富汗,"哈瓦拉"是合法的,并且被广泛应用,仅在喀布尔就有超过3000名已知的"哈瓦拉"运营者,并且在阿富汗34个省的每一个城市都有"哈

---

[1] Al Qaeda's Gold, "Following the Trail To Dubai, Douglas Farah", *The Washington Post*, February 18, 2002.

[2] "Shahzad Pleads Guilty to NYC Bomb Attempt", *CBS News*, June 21, 2010.

[3] "Hawala and Underground Terrorist Financing Mechanisms", Hearing Before the Subcommittee on International Trade and Finance of the Committee on Banking, Housing, and Urban Affairs, November 14, 2001.

[4] U. S. Department of State, "Country Reports: India", in 2009 International Narcotics Control Strategy Report.

[5] John Cassara, Avi Jorisch, "On the Trail of Terror Finance: What Law Enforcement and Intelligence Officers Need to Know", Washington, D. C.: Red Cell Intelligence Group, 2010, p. 124.

瓦拉"运营者①。在沙特阿拉伯,"哈瓦拉"是非法的,政府鼓励建立其他低价、透明的货币汇款服务,可以满足大量务工人员的资金汇兑需求。在巴林,"哈瓦拉"在两个方面受到限制:其一,经营汇款或兑换的公司必须持有货币监管局发放的经营许可证,无证经营属于刑事犯罪;其二,货币监管局鼓励正规金融机构相互竞争,为客户提供安全、廉价的汇款服务,从而限制替代性汇款的发展。②

在"哈瓦拉"的运行中,不得不提的就是黄金走私。黄金是"哈瓦拉"体系得以运转的关键因素。"哈瓦拉"商人使用黄金在世界各国进行资金转移和清算,而不是使用某种特定的主权货币。这是因为,黄金的价值通常与执政者无关,可以有效保证"哈瓦拉"商人在战乱地区和国家的利益。如果没有黄金走私的话,"哈瓦拉"交易中的80%—90%将无法进行。尽管现在"哈瓦拉"交易的方式不断多元化,但是黄金仍是其系统的重要保障。

除了"哈瓦拉",在美洲地区存在的黑市比索交易是哥伦比亚和墨西哥的毒贩和恐怖分子经常使用的一种非正规价值转移途径。其主要运作方式如下:首先,哥伦比亚毒贩将在美国销售毒品获得的美元交给美国黑市的经纪人。其次,黑市经营者在哥伦比亚的代理人向哥伦比亚的毒贩支付等值美元(扣除手续费折扣)的比索。对于毒贩来说,此时已经完成了资金转移。再次,哥伦比亚进出口商人支付比索给哥伦比亚经纪人,以进口美国商品。最后,美国的经纪人根据其哥伦比亚经纪人的要求,使用美元在美国购买相应的商品,并将商品运回哥伦比亚交付给商人,这样就实现了资金不跨境的货币兑换和转移。

由于黑市比索交易具有手续简单、费用低廉、速度快捷等特点,且实质上没有资金跨境,可以躲避外汇监管而受到哥伦比亚武装分子和南美洲各国很多政治家的青睐。根据美国国税局的统计,1999—2003年,

---

① U. S. Department of State, "Country Reports: Afghanistan", in 2009 International Narcotics Control Strategy Report.
② [美]理查德·普拉特:《反洗钱和反恐融资指南》,中国金融出版社2008年版,第131页。

通过黑市比索交易洗钱的规模从10亿美元增长至60亿美元。美国海关总署时任署长雷蒙德·凯利（Raymond W. Kelly）曾表示，黑市比索交易通过贸易来掩护全球洗钱行为，已成为犯罪活动和商业活动之间的关键联系。[1] 在哥伦比亚，一些毒品贩卖者通过黑市比索交易市场可以赚取几十亿美元的利润，同时使部分资金流回哥伦比亚。毋庸置疑，哥伦比亚黑市比索交易市场是当地应用最广泛的洗钱系统。[2]

由于恐怖组织与贩毒组织之间千丝万缕的联系，贩毒组织需要恐怖分子的军事素质、武器供给以及进入秘密组织的能力，而恐怖分子则从贩毒组织学习非法交易及洗钱技巧，并从中获利；恐怖分子和毒贩都需要通过贿赂以获取护照或海关文件，毒贩在恐怖组织控制区域活动有更多的自由。黑市比索交易这一最初在毒贩之间使用的方式后来也被恐怖分子采用，包括"基地"组织、"哥伦比亚联合自卫军"等在内的恐怖组织都使用黑市比索交易来转移资金。[3]

此外，作为恐怖融资重要供给来源的慈善组织，不仅被恐怖组织用来筹措资金，也是重要的恐怖融资转移渠道。这一方式成功地掩盖了中东、远东等地区的恐怖融资活动。曾经格鲁吉亚车臣武装分子购买武器、建造清真寺、运送志愿者、建立训练营等，通常都是在慈善捐赠和"天课税"的幌子下进行的。[4] 恐怖组织利用慈善组织的优点可以采取正规及非正规金融部门、现金走私及基于贸易的洗钱系统等方式快速而秘密地转移资金。恐怖主义研究专家马修·莱维特（Mattew Levitt）指出，恐怖组织利用慈善机构来筹集、洗白和转移资金是因为其具有以下优势：一是慈善组织的人道主义援助性质可以较为方便地在恐怖组织感

---

[1] Loretta Napholeoni, "Terror Incorporated: Tracing the Dollars Behind the Terror Networks", New York: Seven Stories Press, 2005, p. 217.
[2] 张运成：《全球洗钱犯罪活动综述》，《国际资料信息》2003年第10期。
[3] Narco-Terror, "The Worldwide Connection between Drugs and Terrorism", Hearing Before the Subcommittee on Technology, Terrorism and Government Information on the Committee of the Committee on the Judiciary United States Semate One Hundred Seventh Congress, March 13, 2002.
[4] Timothy Wittig, "Understanding Terrorist Finance", New York: Palgrave Macmillan, 2011, p. 10.

兴趣的冲突地区设立办公室和派遣人员,而不引起特别的怀疑;二是通过慈善组织筹集资金不仅可以筹措大量的资金,还是转移资金和洗白资金的完美方式;三是慈善组织不仅为恐怖分子提供了完美的掩护,还通过简单、安全的洗钱方式掩护了其资金的最后目的地。① 据联合国安理会"基地"组织制裁委员会介绍,成立于1998年的"哈拉曼伊斯兰基金会"资助了2002年巴基斯坦爆炸案,造成200多人死亡,其中大多数是外国游客。②

跨境运送现金也是恐怖组织用于转移资金的一种方式。尽管在当今发达经济体中,人们已经不经常使用现金进行日常货物、劳务以及各类资产价值转移方面的支付,但现金仍旧是全球的重要支付手段之一。据估计,目前大约有4万亿美元现金在全球流通,且现金支付的交易占到全世界所有交易的一半以上。在美国境内,30%的交易使用现金,55%的10美元以下交易使用现金,现金具有广泛的接受性,支付不产生手续费,也不会留下痕迹,受到犯罪分子的青睐。根据美国财政部官员从被捕嫌疑人处得到的情报,恐怖分子正越来越多地采取现金走私的方式来转移资金。例如,2003年约旦使馆爆炸案中,有1万美元是通过恐怖分子自身携带来实现资金转移的;2002年轰动全球的巴厘岛爆炸惨案和2003年8月印尼首都雅加达万豪酒店爆炸事件,所需的6万美元资金几乎全部是通过现金走私提供的。③ 而据"9·11"事件委员会估计,"9·11"事件的花费在40万—50万美元之间,其中有一部分资金是先存在美国之外的账户,后通过人工携带进入美国的。④ 在英国,现金走私也是一个广为人知的外国恐怖分子资金秘密转移的方法。恐怖分

---

① Mattew Levitt, "Charitable Organizations and Terrorist Financing: A War on Terror Status – Check", The Washington Institute, March 19, 2004.

② Bryan Denson, "Ashland Islamic Charity Seeks Removal from U. N. List of Entities Associated with al – Qaida", Oregon Live. com, August 30, 2013.

③ John Cassara, Avi Jorisch, "On the Trail of Terror Finance: What Law Enforcement and Intelligence Officers Need to Know", Washington, D. C.: Red Cell Intelligence Group, 2010, p. 48.

④ John Diamond, "Terror Funding Shifts to Cash", USA Today, July 18, 2006.

子主要通过援助车队或身体携带现金的方式穿越边境。2014 年，英国公民戴维斯因涉嫌通过现金信使携带 2 万欧元出境资助叙利亚恐怖分子，被英国执法部门抓获，并处以 28 个月的监禁。"伊斯兰国"曾特别要求加入其组织的外国恐怖分子自己携带资金来参与"圣战"。在沙特阿拉伯，警方发现一名试图走私现金的旅客，其将现金分成四份并分给其他三个人共同携带，这是现金走私中常见的一种形式。①

  由于其他资金转移方式被世界各国实施了打击，现金交易逐渐被伊斯兰极端组织利用，作为一种常用的恐怖融资方法，应该引起执法机构和情报部门的注意。各国执法部门需要通过国际合作，在国际司法管辖权方面进行协调，共同打击非法现金走私活动。金融行动特别工作组曾就现金走私提出过相关建议，但从目前来看，国际上暂时还缺乏一套清晰完整的理论体系和操作手段，也缺乏相关的信息和方法来判断通过跨境运送现金的行为是否涉及洗钱和恐怖融资。

第三节　基于贸易的价值转移

  伴随着国际贸易的增长和自贸区的不断增加，贸易洗钱为恐怖融资转移带来很多便利。基于贸易的价值转移也被称作"贸易型洗钱"，金融行动特别工作组将其定义为：以贸易业务作为载体，隐藏资金犯罪来源，并采取一定手段使其合法化或支持恐怖活动的行为。部分犯罪组织或恐怖组织会利用国际贸易的监管漏洞来进行非法资金的转移。相当数量的洗钱违法活动都是与其上游犯罪密切相关的，其中包括贩毒、销赃及其他商品的非法贩运、贪腐与贿赂、欺诈、伪造盗版以及各类走私活

---

① The Financial Action Task Force (FATF), "Financing of the Terrorist Organisation Islamic State in Iraq and the Levant (ISIL)", February 2015, FATF, http://www.fatf-gafi.org/media/fatf/documents/reports/Financing-of-the-terrorist-organisation-ISIL.pdf.

动等。①

贸易型洗钱的手段十分多样,更为隐蔽的手法则是在繁杂的交易链以及货物流中,组合运用多种构造虚假贸易的方式。由于全球每天发生的国际贸易业务极多,要从海量的国际贸易业务中甄别出存在异常的业务并不是一件容易的事情,而这样的监管漏洞则为恐怖组织或犯罪组织洗钱、转移资金提供了可乘之机,使其把部分非法资金与合法资金相混合,以达到悄无声息转移资金的目的。犯罪组织和恐怖组织经常利用全球贸易体系,通过采用与合法贸易交易相关的复杂且令人混淆的计划,在全球范围内转移价值。

具体而言,跨境贸易可能被恐怖融资利用的主要漏洞包括:一是全球贸易量巨大,而监测可疑贸易的政府资源相对较少;二是进出口贸易的经营目的及其合理性无法确定,缺乏对贸易融资的后续尽职调查,难以验证贸易的真实性;三是货物流与资金流相分离,管理部门难以逐一对应核实,而各国金融系统各不相同,金融机构研判可疑交易仅局限于金融信息,缺乏相应的贸易信息;四是旅游购物贸易交易灵活,一笔交易可能存在多个供销对象,恐怖融资易混迹其中;五是金融机构对客户的业务模式和未来贸易概况以及客户的关联方缺乏有效识别机制。

虽然缺乏有效的方式阻止资金通过国际贸易转移至恐怖组织,但是可以通过设置预警指标和其他形式的风险分析方法来监测基于贸易的恐怖融资,以减少国际贸易体系被滥用的风险。此外,与外国执法部门和海关当局共享进出口数据,对于监测贸易数据中的异常情况至关重要。

在贸易洗钱之外,恐怖分子与洗钱者经常使用黄金和钻石来转移资金,这主要是因为:一是黄金和钻石很容易被用来虚开发票,可以故意标低黄金的纯度或者在报关时故意低估钻石的价值;二是可以被用来进行税务欺诈,比如通过虚报商品来骗取出口退税;三是走私者可以通过人工携带、集装箱或各种交通工具走私黄金和钻石;四是黄金和钻石都

---

① The Financial Action Task Force (FATF), "Trade Based Money Laundering", June 23, 2006.

是高价值商品,对于洗钱和价值转移很方便。例如,"基地"组织通过现金和黄金来转移资金。据美国政府估计,在2001年11月下旬至12月初的三周内,"基地"组织通过现金和黄金从阿富汗转出约1000万美元。① 同年12月,英国军队在阿富汗找到了一份"基地"组织行动手册,其内容就包括如何将黄金偷运到小船上,或将黄金隐匿在自己的身体上。② "基地"组织这样的恐怖组织可能更倾向于持有一些黄金资产,因为其价值很容易确定,而且黄金的价值一般会保持相对稳定。此外,黄金在世界许多地区都有文化意义,得到人们的广泛认可,并且全球很多城市都有黄金交易所,黄金很容易买卖,极易变现,还能避免像一般资产一样被冻结和制裁。

2006年,金融行动特别工作组就贸易洗钱问题发布风险报告认为,在贸易业务中采取额外措施来帮助打击洗钱和恐怖融资是非常有必要的。随着诸多领域反洗钱标准的日渐完善,对于犯罪分子来说,利用贸易作为幌子实施洗钱活动将越来越具有吸引力。全球金融诚信组织(Global Financial Integrity)指出,在2005—2014年间,以贸易结算方式经由发展中国家和新兴经济体出入的非法资金达到了其贸易总额的14%—24%。事实上,这不仅是超万亿美元赃款的问题,还有非法资金所造成的其他潜在损害。因此,国际贸易部门和监管机构已经在努力解决这个问题,包括金融行动特别工作组和其他国际组织相继发布了各种形式的指引文件,以协助银行以及利益攸关方识别和确定贸易洗钱犯罪的特征。

近年来,为了就贸易融资业务中复杂的金融犯罪风险管控及"了解你的客户"要求给予指导和澄清,金融与贸易银行家协会成立了一个工作组,并于2015年3月发布了《信用证以及跟单托收中的潜在可疑活

---

① United States General Accounting Office, "Terrorist Financing: U. S. Agencies Should Systematically Assess Terrorists'Use of Alternative Financing Mechanisms", November 2003, http://www.gao.gov/assets/250/240616.pdf.

② Global Witness, "For a Few Dollars More: How Al Qaeda Moved into the Diamond Trade", London: Global Witness, April 2003, p. 35.

动识别指引》，全面汇编了美国联邦金融机构检查委员会、金融行动特别工作组、沃尔夫斯堡集团和英国金融市场行为监管局的管理要求，并确定了 16 项涉嫌贸易洗钱的警示性标记。然而，这些指引虽然有所帮助，但是仅凭借政策的重申以及增加合规人员数量仍不足以应对贸易洗钱的风险问题。贸易洗钱的关键核心在于，它是将非法资金混入并隐匿在合法商业资金流当中的一种犯罪方式，贸易结构上的复杂性以及蓄意将非法交易与合法交易相融合的手法使得人们很难察觉。人们只能从更广泛的角度去判断并识别其是否非法，不是关注某一个金融机构的业务，而是要从整体、全局上把握所有金融机构的业务。

第四节 虚拟货币等新兴途径

随着银行系统信息化和规范化程度不断提高，恐怖组织开始转向离岸银行、外汇交易等更复杂的洗钱方式。而金融监管能力的提高通常会滞后于金融科技的创新，这给了恐怖融资新的机会。随着互联网技术的不断发展，恐怖组织开始通过网络黑客攻击、虚拟货币、第三方支付等方式筹集和转移资金。美国网络安全智库关键基础设施技术研究所的报告《解剖网络"圣战士"》指出，"伊斯兰国"在其官方宣传杂志《达比克》（Al Dabiq）中声称，他们所伪造的"钓鱼邮件"水平高超，目标对象难以识破。连"博科圣地"这种网络能力相对低的组织，也开始通过在暗网购买勒索软件进行网络攻击，代替原先采用的"419 诈骗"[①] 类型的网络诈骗。2015 年末，民间反恐黑客组织 Ghost Security

---

① "419 诈骗"是在尼日利亚比较流行的一种金融诈骗手法。这个名字源于尼日利亚的一个 419 号法律，"419"是尼日利亚颁布的专门禁止此类犯罪的刑事令的代号。"419 诈骗"常见的诈骗手段是，诈骗者通常会声称有一笔巨款需要转账，承诺潜在受害者事先支付一笔费用后可获得数量可观的佣金，受害者通常在支付了一次费用之后，会有第二次、第三次费用需要支付，即所谓的"推进费用诈骗"，这种诈骗方式在尼日利亚及周边国家已经成为一种行业。

Group宣称,已经锁定了"伊斯兰国"其中一个关键的资金筹集渠道——比特币账户。该黑客组织披露,"伊斯兰国"手上持有的虚拟货币总额大约在470万美元到1560万美元,占其总资金的1%—3%。此外,恐怖组织通过黑客行为的筹资也随着其网络能力的提高而不断增加。①

2020年8月13日,美国司法部表示,已经取消了三起涉及"基地"组织、"伊斯兰国"等恐怖组织的在线筹款活动。美国官员表示已经查封了4个超过300个加密货币账号的网站、4个涉及筹款的Facebook页面。美国司法部已经没收了价值数百万美元的加密货币,并表示这是"政府在打击恐怖主义大背景下缴获规模最大的加密货币"。美国财政部部长史蒂文·姆努钦(Steven Mnuchin)在一份声明中说:"恐怖主义网络已经适应技术,在数字世界中进行了复杂的金融交易,包括通过加密货币进行交易。"

2020年12月8日,法国宣布计划对所有加密货币交易实施严格的KYC规则,并对加密货币之间的交易施加更严格的要求。由加密货币资助的恐怖袭击被认为是这些变化背后的主要驱动力,2020年9月法国逮捕了29名涉嫌参与加密货币恐怖主义融资的人员。

一、虚拟货币

互联网因其全球性、廉价性、匿名性等特征被恐怖组织用于在全球筹集和转移资金。随着分散的、以数学为基础的虚拟货币(特别是比特币)受到越来越多的关注,虚拟货币等新兴支付方式不仅是支付系统未来的潮流,也为犯罪分子、恐怖分子和其他被金融制裁者提供了一种新工具,使他们能够在执法部门眼皮下转移和储存非法资金。这种依托新兴方式进行的恐怖融资,一方面为恐怖组织拓展了融资和资金转移渠道,另一方面也给相关国家的反恐怖融资制造了难度。

---

① 汪川:《恐怖组织在网络空间的威胁评估》,《中国信息安全》2017年第9期,第64—67页。

第五章 恐怖融资的流通转移渠道分析

虚拟货币是以密码算法等高新技术为基础，在互联网环境下衍生出的一种数字货币，没有实体，具有交换媒介、计价单位、价值储存职能，但没有法定货币地位。它不由任何司法管辖区发行或担保，只有在虚拟货币使用者的社区内达成协议才能履行上述职能。虚拟货币不是法定货币，法定货币是一个国家通过法律形式确定的包括硬币和纸币在内的货币，其在发行国中作为交换媒介而被广泛使用和接受。虚拟货币与电子货币不同，电子货币是法定货币的一种数字形式，用于以电子方式传递以法定货币计价的价值。

根据是否可兑换，可将虚拟货币分为可兑换虚拟货币和不可兑换虚拟货币两种类型。所谓可兑换虚拟货币并不是可以直接将货币兑换成其所代表的黄金，而是由于市场的存在形成了事实上的可自由兑换。因此，只要部分参与者提出兑换需求，而另一些人接受了虚拟货币，那么虚拟货币就是可兑换的，但实际上这种可兑换性没有法律保障。可兑换虚拟货币与一定数量的法定货币具有同等价值，比如比特币、E-Gold[①]等。不可兑换虚拟货币通常是在一个特定的虚拟环境或虚拟世界中使用的，根据它的使用规则，不能兑换为法定货币，如各种网络游戏中的"金币"等。当然，存在活跃的黑市交易情况下，不可兑换的虚拟货币也可以通过黑市变现而转换成法定货币，因此虚拟货币的"不可兑换性"不是静态的。而另一方面，由于各国监管的要求不同，可兑换虚拟货币的自由兑换程度时常受到影响。比如，比特币已经在很多国家受到金融监管层的约束，而发行虚拟货币"自由储备"的自由储备银行也于2014年被美国联邦法院以洗钱和无牌经营金融交易公司的名义予以关闭，而此前该虚拟货币发行商已遭到17个国家金融监管当局的调查。

根据是否有中央管理机构，可将虚拟货币分为中心化虚拟货币和去

[①] 自由储备银行是2006年在中美洲哥斯达黎加成立的在线数字货币服务公司，为了使用自由储备银行转账，用户需要提供姓名、地址以及出生年月日，但是用户身份无须验证。这意味着该支付系统是匿名的。匿名性加上转账费用低廉、付款即时生效且不可撤销，使得该银行在外汇交易领域大受欢迎。美国政府声称，这家公司在从事数额高达60亿美元的洗钱活动，并判处其创始人Budovsky 20年有期徒刑。

中心化虚拟货币。中心化虚拟货币有一个管理控制机构，负责发行货币、确立使用规则、维持清算分类账，并有权兑换货币及使其退出流通。去中心化虚拟货币，一般是匿名的、开源的、以数学为基础的点对点的虚拟货币，没有中央管理机关，也没有中央监控或监督，如比特币等。这种虚拟货币的运作通常基于可管理交易的点对点网络（比如区块链技术），在这种网络中，虚拟货币所有权的转移在短时间内得到整个网络的确认，价值转移的安全性和完整性也就能够得到有效保障。与其他新的支付方式一样，虚拟货币具有提高支付效率和降低交易成本的潜力。虚拟货币也可能促进小额支付以及知识产权交易，如游戏或音乐下载等。

但同时，虚拟货币作为一种新型支付手段，具有高流动性、虚拟性、隐蔽性、无国界和可以远程转移等特性，加上相关网络技术和商业环境还不成熟，法律法规对虚拟货币的规范并不完善，这使得虚拟货币容易被洗钱犯罪和恐怖融资滥用。据 CNBC 报道，2017 年 10 月 13 日，世界上最大的资产管理公司贝莱德集团首席执行官拉里·芬克（Larry Fink）在一个国际金融会议上将比特币称为"洗钱指数"（Index of Money Laundering），认为"比特币只是向你展示了世界上有多少洗钱的需求，仅此而已"。[①] 虚拟货币通常在网络上进行交易，以非面对面的客户关系为特征，并且允许匿名资金和匿名转账。无中心的系统设计比较容易实现匿名化。因此，虚拟货币的特点增加了其潜在的洗钱和恐怖融资风险。此外，虚拟货币通常依赖复杂的基础设施，这些基础设施涉及多个实体，通常分布在多个国家，这就导致某一特定司法管辖区的执法部门和监管机构难以对其实现有效监管。

2015 年 10 月，金融行动特别工作组发布了一份题为《新兴的恐怖主义融资风险》的报告，专门分析了虚拟货币的恐怖融资风险。这份报

[①]《全球最大资产管理公司 CEO：比特币只是"洗钱指数"》，新浪财经 2017 年 10 月 16 日转引 CNBC 报道，http：//finance.sina.com.cn/stock/usstock/c/2017 - 10 - 16/doc - ifymvuyt1517606.shtml？cre = sinapc&mod = g&loc = 4&r = 0&doct = 0&rfunc = 31&tj = none。

告指出,以比特币为代表的虚拟货币日益成为各类违法犯罪活动的"帮凶",为洗钱、恐怖融资等活动提供便利,已经吸引了包括极端主义组织在内的各种犯罪集团的关注。欧洲刑警组织发布的《2015年度互联网有组织犯罪威胁评估报告》曾明确表示:"犯罪分子40%的在线支付是使用比特币完成的。"而美国相关部门2017年发表的研究报告《恐怖分子利用虚拟货币:管控潜在威胁》则向政府发出警告:当下犯罪分子、恐怖分子正利用虚拟货币、电子货币等手段进行犯罪活动,并利用这些先进的技术来帮助自己逃脱法律的制裁。虚拟货币的"隐匿性"使得政府机构无从获知使用者以及拥有者的身份信息,也难以追踪审查相关责任者。另外,虚拟货币的"去中心化"也为犯罪分子或恐怖分子逃脱银行与政府的监管提供了契机,使其在没有正规金融机构的监管下也能够快速地实现资金转移。此外,虚拟货币的"可兑换性"也为犯罪分子把货币变成法定货币创造了可能。正是因为虚拟货币的这些优势,美国、伊拉克、叙利亚等地的恐怖分子正在利用其从事犯罪活动,以开展恐怖活动、网络洗钱、敲诈勒索等违法犯罪行为。虽然目前这种新型犯罪手法以及恐怖融资途径还没有大规模应用,却是犯罪组织以及恐怖组织的"新宠",在犯罪活动中的地位逐步提升。[①]

"伊斯兰国"作为当前全球威胁最大的恐怖组织,其收入主要来源于石油贩卖、走私等,然而随着各国反恐力度的增强,这些传统项目越来越难以有效实施。于是,"伊斯兰国"也在不断地探索新的方式来进行资金筹集,比特币便是其中之一。以色列《国土报》2015年曾报道,"伊斯兰国"已经把比特币作为转移资金、洗黑钱、暗网交易的主要支付载体,同时鼓励与支持组织各成员也采取这种支付手段,以躲避金融机构以及政府机关的监督与管理,利用比特币"隐匿性""可兑换性"等特征来隐瞒自身的犯罪行径,以便更好地为恐怖袭击活动提供经济支持。"德国之声"曾经报道过"伊斯兰国"接受比特币捐助的新闻,称

---

① 磨惟伟:《虚拟货币应用衍生新型网络犯罪及其治理策略》,《中国信息安全》2018年第8期。

"'伊斯兰国'的一个比特币账户曾在一个月内收到过价值2300万美元的比特币"。① 2013年,"伊斯兰国"旗下的博客曾号召支持者利用比特币进行捐赠。新加坡情报机构研究人员在网络中发现了一个疑似"伊斯兰国"募资的网站曾收到数笔数额较小的比特币。上述发现是外界第一次找到"伊斯兰国"使用比特币交易的直接证据。2015年8月28日,在"推特"上支持"伊斯兰国"的美国少年阿里(Ali Shukri Amin)被判处11年监禁。阿里承认在"推特"用"Amreekiwitness"的账户公开支持"伊斯兰国",并在"推特"上讨论如何利用比特币等虚拟货币为"伊斯兰国"提供资金支持,以及如何建立一个安全的捐赠系统来转移和使用这些资金。②

为了加强对虚拟货币的反洗钱和反恐怖融资监管,金融行动特别工作组于2018年10月修订了《金融行动特别工作组建议》,明确要求将虚拟资产服务提供商纳入反洗钱和反恐怖融资监管范畴,并对虚拟资产和虚拟资产服务提供商进行了清晰的界定;2019年6月发布的《基于风险的虚拟资产与虚拟资产服务提供商方法指南》提出了对虚拟资产服务提供商进行反洗钱和反恐怖融资监管的具体要求。尽管各国可以根据虚拟资产风险评估结果以及实际监管需要而禁止虚拟资产交易活动,但整体而言,金融行动特别工作组还是倾向于对虚拟资产服务提供商进行适当、有效的监督管理而不是简单地加以禁止。2019年3月,联合国安理会通过了具有国际法效力的联合国安理会第2462号决议,明确要求所有国家对虚拟资产可能被滥用于恐怖主义融资的潜在风险进行评估,并采取措施确保虚拟资产服务提供商遵守反洗钱和反恐怖融资法律义务,以增强金融交易的可追踪性和透明度。国际反洗钱和反恐怖融资评估既强调技术有效性,又强调实质有效性,因而从提升虚拟货币监管有效性、履行国际反洗钱义务的目标出发,也有必要考虑逐步调适、完

---

① 杨亚强:《暗网恐怖主义应对路径探析》,《江西警察学院学报》2017年第4期。
② The Financial Action Task Force (FATF), "Emerging Terrorist Financing Risks", October 2015.

善我国虚拟货币监管规则。

二、深网和暗网

互联网是由多层网络构成的，由表及里依次为表层网络、深网和暗网。表层网络是允许任何用户访问的网络，其可以被常规搜索引擎直接搜索到。而深网则是与表层网络相对应的，无法被常规搜索引擎检索到，通常需要身份认证后才可以访问的网络。例如存储在网络数据库中需要通过动态身份认证才可以访问的资源集合，以及朋友圈数据和VPN等需要特定的权限才可以访问的数据。根据发表在《自然》杂志上的一项研究，谷歌只对不超过16%的表层网络进行索引，而忽略了所有深网。任何给定的搜索结果只会显示在线信息的0.03%。理论上，深网有多庞大不得而知，但业内普遍估计深网的规模要远大于表层网络。

暗网是深网中以匿名方式访问的更加隐秘的一种网络，通常包含非法和反社会的信息，需要借助"洋葱路由"等特定搜寻器才可找到。因此，暗网被用于诸如儿童色情、交易敏感信息、洗钱、盗版、信用卡欺诈、非法出售武器等。任何网络用户都可以访问暗网，但很难确定访问者的身份，而且这些网站也无法通过搜索引擎找到。表层网络通常都受到反恐机构的监控，而暗网则具有匿名性、保密性和通信控制访问等独特优势，其一经出现就得到了恐怖分子的青睐。

暗网因其高度的匿名性，成为各种犯罪行为如贩卖毒品、洗钱和恐怖融资的重要平台，而虚拟货币比特币也已经成为暗网交易的重要基石。犯罪分子通过比特币在暗网每年可获利约1亿美元。[1] 2014年，全球最大的暗网平台"阿尔法湾"[2] 应运而生，截至其被关闭已经累计交易10亿美元。

---

[1] 《ICO判死之后，虚拟币遭全面封杀》，新浪财经，2017年9月9日，https://cj.sina.com.cn/article/detail/5688926284/395468？cre = sinapc&mod = g&loc = 17&r = 0&doct = 0&rfunc = 86&tj = none。

[2] "阿尔法湾"是美国一个从事毒品、武器和其他非法物品交易的暗网平台，2017年7月被美国司法部封杀。

恐怖组织也通过暗网来购买非法证件和武器，并借助暗网匿名性的特点来逃避执法部门的追踪。例如，在《查理周刊》袭击案中，恐怖分子使用的 AK－47 步枪就是以 550 美元的价格从暗网中购买的。除了提供犯罪活动的途径以及转移资金的功能之外，暗网还为恐怖组织提供了招募人员、购买武器、意识形态宣传的渠道。联合国曾在其报告中表示："伊斯兰国"、"基地"组织等恐怖组织把暗网作为载体，在全世界范围内招兵买马，同时利用这一平台，策划恐怖袭击事件，而它们的这些举措由于被加密而无从得知，也难以破解。对此，联合国警示各成员国必须保持高度警惕，加强反恐措施与力度。2015 年，"伊斯兰国"发布了其在暗网的一个网站，并公布了访问方法。该网站的内容主要包括对一些恐怖事件的声明和表态，还有一些与其恐怖行为有关的思想、歌曲，这也是目前第一个被证实是恐怖分子所使用的暗网网站。[①] 还有报告指出，随着暗网业务规模不断扩大，部分恐怖分子利用暗网贩卖人体器官，走私盗窃而来的石油、古董文物等。印度尼西亚恐怖组织"伊斯兰祈祷团"的支持者，曾利用暗网进行资金资助，并策划攻击了外汇交易网站，从中获利上百万美元。[②]

2017 年 7 月 27 日，全球知名虚拟货币交易商 Canton Business Corporation 的 BTC－e 平台涉嫌为敲诈勒索以及贩卖毒品所得赃款的清洗提供便利而被美国财政部金融犯罪执法网络处以巨额罚款。事实上，BTC－e 比特币交易平台并不在美国，而是位于东欧地区，然而目前为止还无法确定其具体位置。根据美国金融犯罪执法网络处罚通知中的内容，BTC－e 仅在比特币交易一项中，就进行了数万笔总价值约 2.96 亿美元的非法交易。据希腊警方声明，自 2011 年以来，BTC－e 比特币平台参与洗钱至少达 40 亿美元。结合打击 BTC－e 交易所涉嫌洗钱的事件，国际上不少涉嫌使用比特币交易的暗网市场亦被清理，从而在世界范围内

[①] 王沙骋：《网络恐怖主义与对策》，国防大学出版社 2017 年版，第 126 页。
[②] 肖洋：《"伊斯兰国"的暗网攻势及其应对路径》，《江南社会学院学报》2017 年第 1 期。

开展打击使用比特币进行违法犯罪的行为。

除了虚拟货币、深网之外,在英属维尔京群岛、萨摩亚、百慕大等地区,恐怖组织或犯罪组织利用离岸金融中心来实现资金转移。此外,恐怖融资还通过博彩、房地产交易以及典当等其他方式转移资金。

第六章　国际反恐怖融资战略体系

恐怖主义是国际安全的巨大威胁，恐怖融资本身并不必然对国际安全造成直接威胁，但是会对国际金融和经济秩序产生影响。当然，国际恐怖主义威胁和行动的规模、烈度取决于恐怖分子可获取的资金支持，恐怖融资的规模决定了恐怖组织的规模和组织方式，打击恐怖融资进而切断恐怖分子的资金来源，对于打击恐怖主义具有重大的意义。国际法律要求各国采取措施防止和遏制恐怖融资，各国需要制定国内法，将恐怖融资界定为犯罪行为，并授权相关部门冻结用于恐怖活动或与恐怖活动相关的资产。在这种原则下，任何直接或间接提供或筹措资金、意图或明知会用于恐怖主义活动的行为都被界定为恐怖融资行为。提供资金包括给予、捐赠或转移恐怖资金；筹措资金包括募集或接收恐怖资金；转移资金是指将资金传递至恐怖组织和恐怖分子。因此，所有直接或间接与恐怖资金有关的捐助者、资金筹措者、资金转移者等都被视为参与恐怖融资，他们的资产都在被冻结之列。从金融领域追踪、识别、扣押恐怖组织及其成员的资产，是治理恐怖主义的新手段，也是各国依托经济金融手段进行恐怖主义治理的具体表现。

从联合国、世界银行、国际货币基金组织等国际组织，到金融行动特别工作组、埃格蒙特集团等反洗钱和反恐怖融资专业组织，从国际刑警组织、上海合作组织等国际组织，到美国、英国、俄罗斯等国家，都从法律体系、组织机构、运行保障机制等多方面采取措施共同打击恐怖融资。通过对国际组织和其他国家反恐怖融资战略体系的研究，进而分析国际反恐怖融资战略体系的共同特性，对于进一步构建和完善我国反恐怖融资体系大有裨益。

第一节　国际组织反恐怖融资战略体系

20世纪90年代，国际恐怖主义十分活跃，一些国家频繁遭受恐怖主义袭击，全球均陷入恐慌之中。随着恐怖主义的攻击和目的趋于复杂，恐怖活动出现了本土化、跨国化、国际化和技术化等显著变化，恐怖活动的预算和开支大幅度增长，恐怖组织已经拥有强大的财力和融资能力。然而，"9·11"事件之前，国际社会对恐怖融资问题重视程度相当有限，国际社会的多边行动主要解决的是洗钱问题。"9·11"事件之后，联合国、金融行动特别工作组、埃格蒙特集团等国际组织才意识到恐怖融资对恐怖主义的重要性，在反洗钱之外针对反恐怖融资采取了一系列的措施。目前，反恐怖融资的原则、规范、规则、决策程序在不同的国际组织中被制度化。

一、联合国

联合国作为国际社会最有影响力的国际组织，是国际上第一个发起反洗钱行动的国际组织。1988年，联合国制定《禁止非法贩运麻醉药品和精神药物公约》，尽管未使用"洗钱"这一概念，但是实际上将贩毒收益的转移和使用定性为犯罪。多年来，联合国不断扩大洗钱犯罪的定义范围，各成员国也有义务按照联合国的要求扩大洗钱犯罪的范畴。1994年，联合国发布《消除国际恐怖主义措施宣言》，明确表示洗钱与恐怖主义之间存在密切关系，规定各国不得组织、支持、资助各种形式的恐怖活动，包括洗钱。1996年，联合国对原有的《消除国际恐怖主义措施宣言》进行了补充说明，对反恐怖融资的要求进行了完善与修订，表示各国必须加强合作，建立联系，采取积极的措施，共享关于恐怖组织获取资金资助的情报。恐怖融资是全世界关注的热点话题，国际恐怖主义事件发生的频率与烈度在很大程度上取决于恐怖组织融资规模的大小。然而，当时世界上还没有专门的法律法规对资助恐怖主义的行为进行界定，对如何预防与打击恐怖融资进行说明。对此，为了能够进一步增进国际间的交流与合作，更好地预防与打击资助恐怖主义的行为，1999年联合国出台了第一部反恐怖融资法规《制止向恐怖主义提供资助的国际公约》（以下简称《公约》）。

《公约》明确提出，为了从根本上杜绝恐怖主义，联合国各成员国必须积极采取措施预防与打击各种形式的恐怖融资，同时还明确界定了"资助恐怖主义罪"，表示任何人不管采取何种方式，只要其存在资助恐怖主义的动机，或者明知资金用于恐怖主义，仍然提供或募集资金的行为，都被列为资助恐怖主义行为。《公约》倡导各国重视反恐问题，采取一定的防范措施和强制措施，把恐怖组织及其成员筹集资金的行为扼杀在摇篮中。同时，《公约》还明确规定了资助恐怖主义行为的范畴，并把电子或数字形式的资产列入其中。除此之外，该《公约》还首次提出了金融机构在反恐中所扮演的角色，在反恐怖融资中所承担的义务，另外鼓励各国引进与完善大额交易报告、交易记录保存等机制，来加强对正规金融机构、跨境资金交易的监管。

《制止向恐怖主义提供资助的国际公约》是继《联合国禁止非法贩运麻醉药品和精神药物公约》之后第二个对金融机构提出反洗钱要求的国际条约。该条约最重要的意义在于把资助恐怖活动行为纳入了反洗钱监控以及刑事犯罪的范畴，其所体现的政策原则包括三个方面的内容。

第一，将反洗钱监控路径由以资金来源具有明显非法性为主要依据调整为资金用途的非法性以及受益人身份的特定性，以此来判断该资金是否被用于违法犯罪，判断此项资金交易是否为可疑或违法交易。这表明不管资金的来源如何，不管资金是否合法，不管资金的形式如何，只要其被认定为用于支持恐怖活动或资助恐怖主义行为，都属于反恐怖融资监控与审查的目标。也就是说，金融机构及相关监管部门除了要审查资金的来源之外，还需要审查资金的流向、用途以及最终受益人是否合法等。

第二，将资助恐怖主义的行为独立定为刑事犯罪，解决了打击恐怖融资可能遇到的一系列法律问题，尤其是解决了资助恐怖主义行为在法律属性上的争议，使各国的刑事立法有了统一的立法指导，有利于各国法律妥善解决此类犯罪的司法协助和裁判标准问题。

第三，把预防与打击恐怖融资作为反恐的重要手段，充分体现了通过遏制与打击下位犯罪来控制上位犯罪的政策原则，为落实打击恐怖主义的全球政策奠定了基础。

"9·11"事件发生前，虽然恐怖袭击已经频繁发生，但是并没有引起各国领导人对恐怖融资的重视，各国关注的重点都集中在反洗钱方面。"9·11"事件后，国际社会迅速转移关注重点，加大了对恐怖融资的重视，采取有效措施预防与监管恐怖融资，阻断恐怖活动的资金来源。而随着各国对反恐怖融资的重视，联合国先后制定了《制止向恐怖主义提供资助的国际公约》以及《消除国际恐怖主义的措施》等纲领性文件，并获得了相关成员国的认同与批准，这些文件均要求各国加强合作，增进联系，采取积极的措施打击与防范恐怖融资行为。[1]

此外，联合国还通过了多项决议来推动成员国的反恐怖融资工作。表6—1列出了联合国安理会通过的关于反恐怖融资的主要决议。整体上，联合国各成员国在联合国安理会决议下的反恐怖融资义务主要包括制定打击恐怖融资行为的法律和规范以及冻结恐怖组织及其成员的资产。此外，联合国还专门成立了1267委员会[2]、反恐怖主义委员会[3]、反恐怖主义委员会执行局[4]等机构，来监督各项决议的执行。

---

[1] 梁立峥、李志鹏：《反恐融资法治实践的国际经验与启示》，《江南社会学院学报》2018年第1期。

[2] 依据联合国第1267号决议成立，主要负责监督各成员国履行对塔利班及"基地"组织制裁的落实情况，并定期更新和调整制裁名单。

[3] 依据联合国第1373号决议成立，主要负责监督各成员国对该决议的执行情况。

[4] 依据联合国第1535号决议成立，主要负责就反恐向各国提供技术援助，促使联合国系统各组织内部以及区域和政府间机构相互之间开展更紧密的合作与协调，由35名反恐专家组成，包括一个评估和技术援助办公室、信息和行政办公室。

表 6—1 联合国安理会通过的有关反恐怖融资的决议

时间	决议号	决议主要内容
1999 年 10 月 15 日	第 1267 号	冻结塔利班的资金和其他金融财产
2000 年 12 月 19 日	第 1333 号	冻结乌萨马·本·拉登和"基地"组织的资金和其他资产
2001 年 7 月 30 日	第 1363 号	设立监测机制,监测第 1267 号、1333 号决议执行情况
2001 年 9 月 28 日	第 1373 号	要求成员国采取措施制裁塔利班和"基地"组织之外的所有全球恐怖组织,并授权成立反恐怖主义委员会
2002 年 12 月 20 日	第 1452 号	对第 1267 号和第 1333 号决议关于冻结资产的规定允许一些人道主义例外,以支付食品、住房等必要生活开支
2003 年 1 月 17 日	第 1455 号	采取措施改进第 1267 号、第 1333 号、第 1390 号决议关于冻结资产措施的实施情况
2003 年 1 月 20 日	第 1456 号	按照第 1267 号、第 1390 号和 1455 号决议的规定,并与第 1363 号决议所设监测组充分合作,采取紧急行动制止恐怖组织获得其行动所需财政资源
2004 年 1 月 30 日	第 1526 号	重申对塔利班和"基地"组织及其成员的制裁,设立制裁监测小组协助第 1267 号决议所设委员会工作
2004 年 10 月 8 日	第 1566 号	要求反恐委员会制定一套最佳范例,协助各国执行第 1373 号决议有关制止资助恐怖主义的规定,并决定设立一个工作组,审议对参与恐怖活动或与恐怖活动有关联、但未被制裁的"基地"组织/塔利班委员会点名的个人、团体或实体采取的实际措施
2013 年 12 月 17 日	第 2129 号	关注恐怖主义与跨国有组织犯罪和非法活动,例如毒品、军火和人口贩运以及洗钱等
2014 年 1 月 27 日	第 2133 号	指出向恐怖组织支付的赎金有助于增强它们的行动能力,呼吁各国防止恐怖组织绑架和劫持人质,在不支付赎金或做出政治让步的情况下努力争取人质安全获释,并为受害者提供支持
2014 年 9 月 24 日	第 2178 号	申明必须打击外国恐怖主义战斗人员的威胁

第六章 国际反恐怖融资战略体系

续表

时间	决议号	决议主要内容
2014年8月15日	第2170号	关切从"伊斯兰国"控制的领土上出发的飞机或其他运输工具可被用来运送黄金或其他有价值物品和经济资源,以便在国际市场上出售,或做出可能违反资产冻结的其他安排
2014年12月19日	第2195号	关切资助恐怖分子,恐怖分子获得金融和其他资源将支持他们的恐怖活动
2015年2月12日	第2199号	提出打击通过石油和文物走私、绑架赎金等方式获得恐怖融资的具体举措
2015年12月17日	第2253号	确认"伊斯兰国"日益成为全球威胁,促请各国将涉及金融交易,包括个别恐怖分子和恐怖组织的所有交易定为刑事犯罪,以及就制止"伊斯兰国"走私石油、敲诈和"征税"、抢劫、绑架勒索、接受捐赠、倒卖文物和贩运人口等问题提供指导
2016年12月12日	第2322号	严重关切恐怖组织越来越多地参与破坏和贩运文化财产及相关罪行
2017年12月21日	第2395号	表示认识到会员国必须利用基于风险的方法防止非政府组织、非营利组织和慈善组织被恐怖主义分子滥用或被滥用于帮助恐怖主义分子
2019年3月28日	第2462号	规定所有国家履行根据国际法所承担的义务,起诉和惩处直接或间接地蓄意提供或筹集资金、金融资产或经济资源或提供金融服务、打算供恐怖主义组织或恐怖主义分子用于任何目的的行为;鼓励会员国建设金融监督和监管系统的能力,以剥夺恐怖主义分子利用、筹集和转移资金的空间;决议促请会员国加紧和加速及时交流有关恐怖主义分子的相关信息和金融情报;特别指出联合国特别是安理会在打击恐怖主义斗争中的核心作用,强调指出金融行动特别工作组在制定全球准绳以防止和打击洗钱、资助恐怖主义和资助扩散行为方面的重要作用

资料来源:根据联合国有关文件整理。

1998年，联合国公布了其第一个恐怖分子黑名单，以防止"基地"组织的支持者为恐怖活动筹措资金或转移资金。国际社会也一直把联合国作为打击"基地"组织和其他恐怖组织全球金融网络黑名单系统的重要平台。但是，按照欧美反恐官员的说法，由于各成员国法律和政治环境的影响，很少有国家在第1267号或第1373号决议下，认真对待它们的联合国反恐义务。也有人对黑名单的编制程序提出质疑，认为制裁名单的出台未提前通知和进行听证，制裁名单制定随意性强。而另一些人则指责国际制裁存在法理上非法剥夺财产等司法障碍，使得联合国制裁措施趋于崩溃。此外，因为许多恐怖组织都避免使用国际银行系统，联合国制裁效果并不明显。再者，联合国黑名单与美国、英国和欧盟自己设定的"黑名单"会重叠，也会有冲突，从而对于确定哪些人和组织被列入制裁名单出现争议。因此，联合国确定恐怖分子黑名单的国际体系表现得极其脆弱并且容易遭到攻击，亟须改革。

二、国际货币基金组织

国际货币基金组织（International Monetary Fund，IMF）创建于1945年，总部设在美国华盛顿特区，由189个国家参与，致力于促进全球货币合作，保持金融稳定，促进国际贸易、就业和可持续发展，减少全球贫困，与同时成立的世界银行（World Bank）并列为世界两大金融机构。2000年，国际货币基金组织积极响应国际社会呼吁，扩大其在反洗钱方面的工作，并制订了金融部门评估方案。"9·11"事件之后，国际货币基金组织将其反洗钱工作范畴扩大到反恐怖融资，并与金融行动特别工作组合作，积极评估各成员国遵守金融行动特别工作组反洗钱和反恐怖融资国际标准的情况，就如何改进反洗钱和反恐怖融资制度提供技术支持。2004年之后，国际货币基金组织将对成员国进行反洗钱和反恐怖融资评估并提供技术援助纳入其常规工作。国际货币基金组织认为洗钱与恐怖融资通过国家的金融系统进行，破坏了金融系统的稳定性，使得经济中的关键部门经济活动下降，从而影响经济决策，对国家的税收管理、财政平衡、外国直接投资产生较大影响。国际货币基金组织通过对成员国进行金融稳定评估等方式来协助成员国增强反洗钱和反恐怖融资能力。国际货币基金组织定期发布报告，提出金融政策要求和改革方案。截至目前，国际货币基金组织发布的涉及反洗钱和反恐怖融资文件共19份。[①]

三、金融行动特别工作组

1989年，加拿大、法国、德国、意大利、日本、英国和美国等国家在七国集团首脑会议上共同商议决定，成立一个致力于打击洗钱、恐怖融资等犯罪行为的国际组织，也就是"金融行动特别工作组"（The Financial Action Task Force，FATF），以应对日益增长的洗钱犯罪对国际金融体系的影响，其最初的关注重点是全球毒品交易中的国际洗钱问题。目前金融行动特别工作组包括37个成员国家或地区以及2个区域组织。尽管其成员数量在全球200多个国家中所占比例不高，但是这些国家是全球金融活动的主体，基本覆盖了全球金融活动。除此之外，金融行动特别工作组还有1个观察员国家、28个观察员组织和9个联系成员。金融行动特别工作组的组成可见表6—2。

表6—2　金融行动特别工作组的成员组成

类别	国家、地区或组织
37个成员国家或地区	阿根廷、澳大利亚、奥地利、比利时、巴西、加拿大、中国、丹麦、芬兰、法国、德国、希腊、中国香港、冰岛、印度、爱尔兰、意大利、日本、韩国、卢森堡、马来西亚、墨西哥、芬兰、新西兰、挪威、葡萄牙、俄罗斯、新加坡、南非、西班牙、瑞典、瑞士、土耳其、英国、美国、以色列、沙特阿拉伯

---

① 王沙骋：《恐怖融资与对策》，中国人民公安大学出版社2018年版，第16—17页。

续表

类别	国家、地区或组织
2个成员组织	欧盟委员会、海湾合作委员会
1个观察员国家	印度尼西亚
28个观察员组织	非洲发展银行、法郎区反洗钱联络委员会、亚洲开发银行、巴塞尔银行监管委员会、卡姆登资产追缴跨机构网络、埃格蒙特集团、欧洲重建与发展银行、欧洲中央银行、欧洲检察官组织、欧洲刑警组织、国际金融中心督导组、美洲开发银行、国际保险监督官协会、国际货币基金组织、国际证监会组织、国际刑警组织、美洲反恐怖主义委员会、美洲药物滥用管制委员会、经济合作与发展组织、欧洲安全与合作组织、世界银行、世界海关组织、联合国毒品与犯罪问题办公室、联合国反恐委员会执行局，以及根据第1526（2004）号和第2253（2015）号决议向安全理事会委员会提供分析支持和制裁监测的小组，根据安理会第1540（2004）号决议所设委员会专家组，根据安理会第1718（2006）号决议所设委员会专家小组、安全理事会附属机关事务处
9个联系成员	亚太反洗钱组织、欧亚反洗钱与反恐怖融资工作组、加勒比地区反洗钱金融行动特别工作组、欧洲理事会评估反洗钱措施特设专家委员会、东南非洲反洗钱工作组、南美反洗钱金融行动特别工作组、中东非和北非反洗钱金融行动特别工作组、西非政府间反洗钱组织、中非反洗钱工作组

资料来源：根据金融行动特别工作组网站资料整理。

  金融行动特别工作组成立之后，一直在调整和改善其制定的全球反洗钱和反恐怖融资国际标准。在它成立后的第二年，即1990年，金融行动特别工作组在巴黎召开的反洗钱峰会上提交报告，详细描述了如何打击非法洗钱的40项建议，为各国开展反洗钱提供了有用的指导。不仅如此，该报告还从国家立法、执法、金融等多个角度提出了有利于完善反洗钱机制，打击洗钱、非法转移资金等行为的建议，同时还表示各国在打击非法利用金融系统洗钱方面应加强合作。1996年，金融行动特别工作组还对这40项建议进行修订与补充，进一步扩大了打击范围，建议各国对以有组织犯罪为代表的所有犯罪所得及其收益都加以特别关注,并采取有效措施予以控制和打击。

"9·11"事件后,金融行动特别工作组迅速扩大了自身的监管职责,并在原有40项建议的基础上,发布了针对恐怖融资的8项特别建议,希冀采取更加有针对性、更加高效的方式打击恐怖融资。同时在2004年,为了能够进一步优化反恐怖融资国际标准,同时为了加大对恐怖活动资金的监管力度,金融行动特别工作组发布了第9项特别建议,共同形成了国际反洗钱和反恐怖融资的"40+9项建议"。"40+9项建议"有三个主要目的:加强各国反洗钱和反恐怖融资力度;增强金融体系;加强国际合作。

2012年初,金融行动特别工作组与联合国、世界银行、国际货币基金组织等相关组织达成合作协议,并针对这些组织提出的改进建议,对"40+9项建议"进行了完善与修订,形成了更加完整、更加权威的国际反洗钱和反恐怖融资纲领性文件——《打击洗钱、恐怖融资和扩散融资的国际标准:FATF建议》,也就是新"40项建议"。完善后的建议进一步扩大了恐怖融资的打击范围,同时强调由于各国国情、法律体系、金融体系等存在差异,各国应结合实际,采取有效的手段来执行金融行动特别工作组的建议。各国反洗钱和反恐怖融资实施框架应具备以下内容:一是要能够迅速识别洗钱、恐怖融资行为,做到风险识别、政策制定等;二是要打击洗钱、恐怖融资及大规模杀伤性武器扩散融资;三是要在金融等领域积极采取预防措施;四是要明确各部门职责与义务,做好制度性编排工作,以更好地执行反洗钱和反恐怖融资措施;五是要加强国际间合作,共享反洗钱和反恐怖融资相关信息。不仅如此,修订后的建议高度整合了恐怖融资的相关措施,同时还专门提出了如何打击恐怖融资的建议,比如第5条建议(恐怖融资刑罚化)、第8条建议(防止滥用非营利性组织的相关措施)等。尽管新"40项建议"并不是法律规定或条约,各国并没有严格的法律义务去执行这一标准,但新"40项建议"获得了全球大多数国家以及国际组织的认可与接受,已实际成为公认的反洗钱和反恐怖融资国际标准。

金融行动特别工作组以 2013 年《FATF 国家洗钱和恐怖融资风险评估指引》为基础，并且借鉴来自金融行动特别工作组全球网络超过 35 个司法管辖区在评估恐怖融资风险方面的广泛经验和教训，于 2019 年 7 月 5 日发布了《恐怖融资风险评估指引》，旨在通过基于各国经验提供好的方法、相关信息来源和实用范例，来帮助成员国家和地区从业人员评估司法管辖区层面的恐怖融资风险。《恐怖融资风险评估指引》认识到评估恐怖融资风险没有一刀切的方法，并提供了针对不同国家情况的相关信息来源和考虑因素，包括：（1）在确定恐怖融资风险评估的相关范围和管理方式时的关键考虑因素，以及克服与恐怖主义及其融资相关的信息共享挑战的实用范例。（2）在识别恐怖融资威胁和漏洞时的信息来源的实例，以及针对特定国家情况的考虑因素（例如金融和贸易中心、低能司法管辖区、毗邻冲突地区的司法管辖区等）。（3）从业人员在识别跨境恐怖融资风险、银行业和资金或价值转移服务行业的恐怖融资风险，以及 FATF 定义范围内的非营利组织面临的恐怖融资风险时可以参考的相关信息来源。（4）保持风险评估更新的好的方法，以及未来需要进一步关注的领域。

尽管金融行动特别工作组在协调国际反洗钱和反恐怖融资倡议方面取得了成功，然而世界各国在推动共同标准的实施上面临一系列困难，比如官僚机构的影响、有限的资源以及全球经济低迷等，个别国家的政府未能全面实施"40 项建议"，而且多数国家根据其利益需求选择性地执行"40 项建议"中的部分条款，因此可以说金融行动特别工作组并未完全实现其创建时的目标。

此外，金融行动特别工作组的国际联合评估小组名单制度也存在一些问题。一是选择哪些国家进行评估缺乏明确的程序或标准。有些国家被列入黑名单是由于其拒绝接受金融行动特别工作组的评估或者仅仅是存在恐怖融资的风险，并没有明确的规定来决定如何选择国家。二是在评估之后，没有明确的添加名单的程序。三是对于列入名单的国家，缺少明确的程序将其从名单中删除。而金融行动特别工作组也缺乏明确的方法来评价一个国家在打击洗钱和恐怖融资方面的效率。目前，一个国家可以实施金融行动特别工作组的全部建议，即便没有实际实施过一次逮捕、起诉或冻结程序，仍然会得到很高的评价。从执法的角度来看，逮捕、起诉、定罪和没收资产是衡量反洗钱和反恐怖融资成功与否的标准，不少国家虽然法律体系已经完善，但由于缺乏能力或政治意愿而执行不到位，不能被认为是严厉打击了洗钱和恐怖融资犯罪。

四、埃格蒙特集团

金融情报机构的主要职责是分析金融机构的金融交易信息，并把分析结果上报给相关主管部门。而作为金融信息分析的主要机构，金融情报机构在识别洗钱、恐怖融资等行为方面发挥着至关重要的作用。为了能够增进国际间的交流，同时更好地收集恐怖融资的有关信息，1995年，各国金融情报机构共同合作，成立了非正式的金融情报国际组织——埃格蒙特集团（Egmont Group）。埃格蒙特集团在金融行动特别工作组确立的反洗钱和反恐怖融资国际标准基础上，制定了金融情报机构开展情报交换国际合作及其他活动的原则标准，为集团成员金融情报机构有效开展情报交换合作、打击恐怖主义融资活动提供了统一协调的制度框架。

埃格蒙特集团金融情报机构负责人联席会于2013年7月通过了《埃格蒙特集团金融情报机构活动与情报交流行动指南》，并于2017年2月予以修订。该指南从情报交流渠道、金融情报机构间的谅解备忘录、提出请求的金融情报机构、接受请求的金融情报机构、联络与多边合作、对等原则、对角合作等七个方面对金融情报机构国际合作与情报交流做出指引，并从加强恐怖主义融资情报交流、接收功能、分析功能、分析类型、情报收集与分析、报告主体获取情报的能力、接触其他来源情报的能力等七个方面，对金融情报机构的其他活动做出指引。其制定的《关于金融情报中心的说明》也成为各国进行反洗钱和反恐怖融资合作的基本准则。

在现有的金融情报机构中,埃格蒙特集团具有较高的权威性,其发布的报告以及学术研究也直接被反腐败、反洗钱、反恐怖融资等国际法律条例所援引。同时,埃格蒙特集团还提出加强恐怖主义融资情报合作的建议。考虑到恐怖分子和类似"伊斯兰国"、"基地"组织及其分支机构的恐怖组织对国家安全和国际金融稳定带来的严重威胁,埃格蒙特集团成员合作对"伊斯兰国"外国恐怖主义武装人员的资助进行了行动分析,识别出情报分享在打击恐怖主义融资方面面临的挑战,并强调实现情报分享的重要意义。

另外,埃格蒙特集团还能够发挥桥梁作用,促进金融情报机构的合作与信息共享,由此构建一个辐射全球的庞大金融信息网络,确立了各国合作交流、信息共享的基本原则与标准。埃格蒙特集团专门建立了安全通信系统——埃格蒙特集团安全网,通过该网络,成员间可以通过安全的电子邮件交流分享案件情报信息,发布和评价关于洗钱和恐怖融资类型、情报分析工具、技术发展等方面的信息。该安全网主要服务四个目标:共享保密情报、共享未分类信息、共享会议文件和资料、服务埃格蒙特集团成员间的沟通交流。

截至目前,埃格蒙特集团成员在不断增加,但其共享金融情报并合作打击洗钱和恐怖融资犯罪的效果并不好,有很多国家不愿意与其他国家分享信息,而其他一些非成员国则通过双边协议的方式实现了金融情报信息的共享。

五、上海合作组织

2001年6月15日,中国与俄罗斯、哈萨克斯坦、吉尔吉斯斯坦等六国在上海宣布成立永久性政府间国际组织——上海合作组织,其宗旨是促进并深化成员国之间睦邻互信与友好、巩固地区安全与稳定。2001年上海合作组织成立以后,便发布了《打击恐怖主义、分裂主义和极端主义上海公约》,要求各成员国必须积极采取措施,完善制度,预防、打击任何向恐怖组织提供并募集资金或物资的行为，要严格查明、禁止、取缔一切恐怖组织的活动，控制恐怖成员的行为。2009年，为进一步加强上海合作组织框架内反恐合作的法律基础，上海合作组织成员国签署《上海合作组织反恐怖主义公约》，要求各成员国基于本国法律体系，从立法等角度，打击一切形式的恐怖融资活动，要求建立客户资料登记、可疑交易信息上报、金融交易数据保存等制度；同时规定，凡是为恐怖组织或其成员提供掩护、资助或帮助其逃跑等行为都构成刑事犯罪，要按照既定的法律体系予以刑事惩罚。此外，还要求各成员国基于本国的法律体系，对恐怖活动犯罪的钱款、金融资产、贵重物品、武器等物资进行查封、扣押与冻结。2014年12月28日，我国全国人大常委会正式批准了该公约，使我国与邻国区域间反恐合作进一步深化，也为我国反恐怖融资国内立法提供了重要依据。

一方面，上海合作组织为成员国开展反恐怖融资情报合作提供了国际法律依据。例如，《打击恐怖主义、分裂主义和极端主义上海公约》对缔约国的反恐情报交换义务做出规定。《上海合作组织成员国关于地区反恐怖机构的协定》规定地区反恐怖机构应承担收集、分析、储存、提供信息职能，并要求地区反恐怖机构建立机构资料库，收集、储存相关反恐信息。《上海合作组织反恐怖主义公约》也规定了反恐怖国际合作义务，明确了缔约国开展反恐怖国际合作的主体、方式、渠道等问题，授权各缔约国主管机关直接开展相互协作，缔约国主管机关可以基于提供协助的请求，或通过主动通报信息的方式，开展双边和多边合作。而且允许各缔约国主管机关地方部门依照主管机关规定的程序建立直接联络。此外，还具体规定了情报（文件、材料及其他信息）提供的方式（主动提供与被动提供）、情报转交限制、情报用途限制、保密等内容。

另一方面，上海合作组织为成员国开展反恐怖融资情报合作提供了平台和渠道。根据《上海合作组织反恐怖主义公约》，缔约国开展包括情报合作在内的相互协作时，可以通过上海合作组织地区反恐怖机构执委会、国际刑警组织或外交渠道进行。因此,成员国间既可以通过外交渠道开展双边合作,又可以通过上海合作组织地区反恐怖机构执委会、国际刑警组织开展多边合作。对于上海合作组织成员国来说,发挥上海合作组织地区反恐怖机构执委会在开展包括反恐怖融资情报在内的反恐情报合作方面的主导作用意义重大。由于欧亚反洗钱和反恐怖融资组织成员国目前在开展金融情报交流时主要通过埃格蒙特集团安全网进行,而中国、巴基斯坦等国尚未加入埃格蒙特集团,因此建立上海合作组织反恐怖情报平台或欧亚反洗钱和反恐怖融资集团反恐怖融资情报平台较为现实,而在这一过程中,上海合作组织应发挥主导作用。因为上海合作组织是该地区开展反恐怖合作的主导平台,而且上海合作组织成员国在政治、经济、文化等方面的合作也在逐步加强,特别是随着上海合作组织融资机构的逐步建立、上海合作组织银行联合体务实合作的开展,上海合作组织将在成员国间资金融通方面发挥日益重要的作用,这也为上海合作组织全面深入搜集、储存、分析、运用金融情报提供了重要支撑。而且,上海合作组织地区反恐怖机构(RATSSCO)与欧亚反洗钱和反恐怖融资组织在反恐怖情报信息交流、政策协调、统一行动方面合作密切,也为上海合作组织发挥反恐情报合作主导作用提供支撑。

此外,2016年,中国杭州二十国集团峰会发表《二十国集团领导人杭州峰会公报》,"呼吁二十国集团成员、国际货币基金组织和世界银行加大对各国能力建设的支持力度,从而帮助改善全球反洗钱和反恐怖融资以及审慎标准的合规工作"。[①] 巴塞尔银行监督委员会、沃尔夫斯堡银行集团、离岸银行业监督集团、国际保险监管协会、国际证监会组织等诸多国际组织都将反洗钱和反恐怖融资作为其职责之一,在不同领域和不同层级开展反洗钱和反恐怖融资国际合作、标准制定和技术支持等。

---

① 《二十国集团领导人杭州峰会公报》,中国外交部网站,https://www.fmprc.gov.cn/web/zyxw/t1394916.shtml。

第二节 美国反恐怖融资战略体系

当前美国具备全球规模最大的金融市场、最为完善的金融体系及最为领先的金融技术，全球经济金融化和全球金融美元化使得美国及美元在国际金融体系中长期占据主导地位。同时，随着遭受恐怖主义威胁的增加，美国的反恐怖融资体系建设取得快速发展，成效显著。美国拥有世界上最全面、最有效的反洗钱和反恐怖融资体制，包括坚实的法律基础，强大的机构间和政府间协调和信息共享，积极和资源充足的运作、监督和执行机制，以及公私部门之间的广泛协作。尽管这些因素使美国在全球打击非法金融中占据领先地位，但在一个相互关联、流动的世界里，恐怖分子、洗钱分子、大规模杀伤性武器扩散分子以及其他犯罪分子和恶意行为分子利用了金融体系的规模和稳定性以及无处不在的美元，并探索利用金融服务和支付的新方式。美国的反洗钱和反恐怖融资体系旨在通过发现、破坏和预防美国金融体系内部的和经过美国金融体系的非法金融活动，使犯罪分子和恶意行为分子无法进入美国和国际金融体系。

一、反恐怖融资战略

早在1999年，美国就在联邦层面上制定了第一部《国家反洗钱战略》，不是简单视洗钱犯罪为刑事问题，而是将其视为国家和社会治理的一个重要领域，从而将反洗钱上升为国家战略。该战略认为：第一，洗钱犯罪已从原始上游犯罪即毒品犯罪扩散到对国家和社会构成整体威胁的有组织犯罪、国际恐怖主义和其他犯罪；第二，洗钱犯罪与对社会法治和公平主义危害最大的腐败紧密地联系在一起，成为社会治理的重要领域；第三，洗钱犯罪除对毒品和相关上游犯罪具有明确的助长作用外，还会玷污金融机构的声誉，降低公众对国家和国际金融制度的信心。

2018 年，美国财政部发布了《2018 年打击非法金融国家战略》以及《2018 年美国恐怖融资风险评估》两份报告，构成了美国反洗钱和反恐怖融资的《2018 年战略》。报告认为，由国家资助支持用于大规模杀伤性武器扩散计划的网络秘密行动对美国金融系统构成了最为持久的威胁，所有这类网络都使用了交易手段来掩盖资金的来源和目的。银行和货币服务业被看作是将资金转移到国外的最常用渠道与手段。据当时的估计，不包括逃税在内的美国内金融犯罪大约可产生 3000 亿美元的收益，并用于潜在的洗钱活动。同时，美国当局还发现虚拟货币不仅是在网上购买非法药物和其他非法商品以及向勒索软件攻击者付款的首选机制，而且正在成为洗钱工具。例如，全球洗钱集团正在频频将非法收益转移到虚拟货币中或通过虚拟货币进行转移。金融科技和监管科技的创新被认为可以潜在地加强反洗钱和反恐怖融资合规性并降低成本。

时隔一年多，2020 年 2 月 6 日，美国财政部发布了《2020 年打击恐怖主义及其他非法金融国家战略》（以下简称"《2020 年战略》"），该战略列出了美国政府在推进反洗钱和反恐怖融资工作方面的优先重点和总体目标，为美国反洗钱和反恐怖融资体制的现代化提供了路线图，使之更加高效。《2020 年战略》将打击恐怖主义和其他非法金融国家战略描述为"确定破坏和防止利用美国金融体系实施非法金融活动或转移资金的主要威胁、脆弱性和优先级事项"，并提供了"使反洗钱和反恐怖融资体制机制现代化的总蓝图"。《2020 年战略》强调美国反洗钱和反恐怖融资框架的核心是风险为本的方法。在反洗钱和反恐怖融资的背景下，风险为本的方法意味着在识别并充分理解风险后再进行资源的配置和措施的执行，以预防或缓释非法金融。风险为本方法的目标是应用简化或强化的措施来应对不同的风险，并将可用资源集中在风险最高的领域以产生最大的影响。

《2020 年战略》详细审查了非法分子正在利用的最严重漏洞，包括 10 个最为值得关注的领域：

- 公司成立时的收益所有权信息：长期以来，滥用法人实体隐藏犯罪收益所有人或非法资金来源仍是非法金融欺诈的一个普遍特征，尤其是涉及洗钱、上游犯罪、逃税和扩散融资的欺诈活动。有相当比例的法人实体被用来实施逃税和欺诈。
- 房地产专业人员和其他行业领域的"守门人"：房地产交易过程中的匿名性有可能被利用，调查人员还发现有人利用律师的信托账户进行与法律服务无关的匿名资金转账。
- 代理行：外国金融机构由于反洗钱和反恐怖融资监管不力、监管资源不足、执法力量不平衡等，成为美国反洗钱和反恐怖融资体系的漏洞。
- 现金：包括大宗现金走私和贸易洗钱。现金可靠和便携的特点对罪犯具有极大吸引力。犯罪分子将大量现金藏在车辆、商业物流、飞机、船只、行李中；藏在衣服内部的特殊夹层里；或包装成礼物的包裹中进行运输；跨国犯罪组织正在利用诸如贸易洗钱等其他转移非法资金的方法，与亚洲、中东、南美等地的职业洗钱网络开展合作，为非法资金转移提供便利。
- 专业人员同谋：包括金融业个人、房地产中介、律师和会计师在内的专业人士参与贸易洗钱等活动，难以调查。
- 合规框架的脆弱：金融机构在政策制度和风险评估、内控体系、培训、可疑活动监测与报告、反洗钱合规以及反洗钱合规措施计划整体质量方面存在缺陷。
- 数字资产：美国对跨境汇款活动的监管框架并未涵盖所有可能被用于非法目的的数字资产活动范围，美国政府也未能解决全球监管方面存在的差距。
- 货币服务业务：货币服务行业存在可能被犯罪分子、恐怖分子和其他不法者利用的漏洞。
- 证券经纪交易商：犯罪分子可以进行投资、跨境转移证券所有权利益，或者利用证券账户通过支票和电汇在全球范围内转移资金。

● 赌场。

针对这些问题和发现，《2020年战略》列出了下一步的优先级目标和行动计划。

一是提升美国反洗钱和反恐怖融资法律制度框架的透明度，缩小与国际标准的差距。继续出台法律法规，要求在公司成立阶段及变更时收集收益所有权信息，降低利用房地产交易清洗非法收益的风险，将反洗钱合规义务扩大至目前不在《银行保密法》监管范围内的某些金融机构和中介机构，澄清或更新监管框架，以扩大数字资产的覆盖范围。

二是提高针对金融机构反洗钱和反恐怖融资监管框架的效率和效力。提高现有报告义务的有效性，强调风险为本的监管方法，培养负责任的创新。

三是增强当前反洗钱和反恐怖融资制度运行的效能。改进对非法金融威胁、漏洞和风险进行优先等级划分的信息反馈与指引沟通方式，扩大对数据分析和人工智能的使用，创新且有效地部署打击非法金融活动的针对性措施，加强对公共和私营部门伙伴关系及其他信息共享机制的运用，支持全球范围的反洗钱和反恐怖融资行动。

四是继续推动反洗钱和反恐怖融资全球标准制定，努力确保其他国家理解并将金融行动特别工作组标准纳入其国内法律体系，并对因遵守这些标准而引起的缺陷负责。

总体而言，《2020年打击恐怖主义和其他非法金融国家战略》继续强调了美国财政部在《2018年打击非法金融国家战略》中所提及的目标，即继续全力响应国际社会对透明度的呼吁，促进私营部门与公共部门以及国际之间的有效沟通，并确保执法与金融交易的技术变化保持同步。

二、法律体系

作为世界上最早出现洗钱活动并且是洗钱犯罪的重灾区，美国从20世纪70年代起就开始制定涉及反洗钱的法律。随着恐怖主义威胁的增加，美国在反洗钱法律基础上制定了多项反恐怖融资法律法规，主要包括：《银行保密法》《爱国者法案》（特别是其第三章《消除国际洗钱和打击恐怖融资法案》）《国际紧急经济权力法案》等，从立法的层面对各职能部门的职责范围以及义务进行规定，并以此为基础，规范各部门相互配合、共同协作的反恐怖融资行动机制。

（一）《银行保密法》

美国关于反洗钱的主要立法是1970年的《银行保密法》，也称《1970年货币和涉外交易财务记录法》，是美国惩治金融犯罪法律体系的核心立法，后续一系列的法案的出台，包括下文介绍的《美国爱国者法案》，都是为了补充、修订《银行保密法》，以弥补其漏洞、增强其实施力度。《银行保密法》的立法目的是遏制使用秘密的外国银行账户，并通过要求受监管机构提交报告和保存记录的方式来识别进出美国或存入金融机构的货币和金融工具的来源、数量及流通，从而为执法部门提供审计线索。《银行保密法》共包含二十章，主要内容是规定金融机构有义务向美国金融犯罪执法网络（FinCEN）提交各种类型的记录和报告，包括涉及货币交易、外汇、金融工具的汇入汇出等相关报告。该法案还赋予了财政部要求特定的美国国内或国外的金融机构满足特定的报告要求的权力，例如报告某账户的实际权益受益人等。同时，该法案明确禁止以逃避报告义务为目的对交易结构的调整。除了传统的金融机构，如银行和经纪公司，还有许多其他机构也要求根据《银行保密法》报告可疑活动，包括发行或赎回汇票的企业、赌场以及宝石和贵重金属交易商。违反《银行保密法》的后果非常严重。美国金融犯罪执法网络对违法者可向法院申请禁令、提起民事或刑事诉讼，实施包括罚款、罚金、监禁等民事、刑事处罚。

在《银行保密法》之后，美国还陆续通过了多项反洗钱反恐怖融资法案，形成了较完备的反洗钱法律体系。

《1986年洗钱控制法》将洗钱纳入联邦犯罪的范畴，在对违反《银行保密法》的惩处方式上增加了没收财产，并且规定银行应该建立和保持政策、规章及程序，以确保其遵守《银行保密法》。

《1992年阿农齐奥—怀利反洗钱法》加强了违反《银行保密法》的制裁，要求金融机构提交可疑活动报告及电汇的记录，并且建立了"银行保密法咨询小组"。

《1994年反洗钱法》要求银行监管机构审查和加强金融机构关于反洗钱培训和考核程序，以及向执法机构通报涉嫌违法案例的程序，建立了对从事货币汇兑业务公司的联邦注册要求，并将无照运营货币汇兑业务和为逃避监管的现金货币架构交易定为违反联邦法规的罪行。

《1998年反洗钱和金融犯罪策略法》要求美国财政部及其他相关部门机构建立一个全国性的反洗钱策略，并设立了洗钱和相关金融犯罪高发区域工作组，在联邦、州和地方各级洗黑钱的流行区域加强执法工作。洗钱和相关金融犯罪高发区域既可以是地域性的，也可以是基于社会经济或产业划分的。

（二）《爱国者法案》

"9·11"事件前，美国打击国际恐怖主义的政策主要集中在确定支持恐怖主义的国家，并利用经济制裁来打击恐怖主义。"9·11"事件之后，美国除了采取大规模军事行动、外交行动、监控行动和情报行动外，也开始重视依靠反恐怖融资的政策措施来遏制和打击恐怖主义。

2001年10月，美国国会通过了《爱国者法案》，该法律文件专门开辟了一个章节用来说明打击国际洗钱与恐怖融资，是全球首部详细介绍与规定反恐怖融资的法案。这部反恐法案要求美国政府与其他国家保持合作，共同遏制恐怖融资行为，打击恐怖主义，同时要求美国对洗钱、恐怖融资状况严重的地区采取特别打击和防范手段。此外，该法案认为全球洗钱活动和金融体系透明度不高为恐怖融资提供了便利条件，因而针对金融体系中三个容易被恐怖组织利用的领域——离岸银行业务、代理银行业务以及私人银行服务，提出了一系列反恐怖融资的措施。《爱国者法案》禁止美国银行与空壳银行开展任何业务往来，并中断同那些与空壳银行有业务往来的外国银行的业务关系。与此同时，该法案将外国腐败犯罪收益、地下钱庄非法交易、证券交易中的可疑交易等都纳入洗钱和恐怖融资犯罪的范畴，并设置了严密的金融犯罪执法网络和金融安全网络。

美国《爱国者法案》为各国开展以反恐为核心的金融监管奠定了法律基础，提供了可参考的法律依据。不仅如此，该法案还从立法的层面明确了美国执法以及情报机构的职能范围和权限，为各职能部门开展反洗钱和反恐怖融资等工作提供了指导，使其能够采取更有效、更有针对性、更符合自身职能的措施打击恐怖主义。除此之外，该法案还强调美国相关部门有权管辖与约束国外洗钱活动，授予了美国财政部部长更高的权限，使其有权要求美国及其他国家的金融机构保存金融相关交易记录，包括交易参与者、资金受益者身份、资金流向、资金受益人法律资格等各方面内容。如果外国金融机构不执行此项规定，那么美国相关部门有权通知本国的金融机构中断与其的代理关系以及合作。通过《爱国者法案》，美国政府要求美国金融机构、监管部门和执法机关三者之间保持密切合作，共享情报信息，积极评估洗钱与恐怖融资对美国金融机构造成的威胁，并加强对私人银行的监管力度。

整体上，美国《爱国者法案》第三章"消除国际洗钱与打击恐怖主义融资法案"关于反恐怖融资提出了几项原则：一是提高金融机构的透明度；二是保护美国金融体系与国际金融体系的对接；三是提高金融机构对恐怖融资风险的重视程度；四是扩大对洗钱、恐怖融资的司法管辖权。

2005年底，美国国会通过并颁布了《爱国者法案增补及再授权法案》，加重了对恐怖融资的刑罚，修正了与恐怖主义相关的洗钱活动范围；扩大了国土安全部的权限与职责，允许其全方位地展开反恐怖融资调查；确定了美国有权对境内其他国家意图实施或已经实施恐怖活动行为的财产进行管辖与治理；对通过"哈瓦拉"洗钱行为进行了规范。

除了《爱国者法案》的第三章对《银行保密法》进行了修订之外，《2004年情报改革和防恐法案》授权财政部在对于打击洗钱和恐怖主义融资来说"合理必要"的前提下，制定规章要求相关金融机构报告跨境电子转账的记录。

（三）针对虚拟货币等的法律规定

对于互联网金融时代容易被恐怖融资利用的虚拟货币等新兴工具，美国也发布了一系列的法律法规来防范其被恐怖融资滥用。

在联邦政府层面，2013年，美国金融犯罪执法网络发布了一份报告，梳理了本国《银行保密法》中涉及虚拟货币行为体的责任与义务，同时把虚拟货币经营者看作是资金传递商，要求政府部门加强对其的监督与管理，要求该经营者必须对超过一万美元的虚拟货币交易进行登记、报告，同时要求相关金融机构保存全部的交易记录，防止其参与非法交易、网络洗钱或恐怖融资等活动。2014年开始，美国国家税务局等相关政府机构陆续发布了关于虚拟货币的文件，把比特币及其他类型的虚拟货币都归列为"大宗商品"的范畴，同时向这些虚拟货币交易征收税费。这一规定要求比特币及其他虚拟货币都必须接受美国商品期货交易委员会的监管，而与其相关的商业行为必须进行登记备案，交易记录也必须保存。

在州政府层面，2014年，纽约州发布了《虚拟货币许可证草案》，对比特币相关业务以及行为主体的职责与义务进行了规定，同时从公司资格、财务监督、权益保护、打击洗钱、维护网络安全等多个角度确定了规制条件。2015年，美国纽约金融管理局正式发布《虚拟货币许可证条例》，以虚拟货币为核心，明确了相关行为主体的责任，要求其在开展虚拟货币商业行为前，必须在纽约金融服务管理局获取营业执照，取得营业资格；同时要求其在取得执照与资格之外，还必须恪守反洗钱的责任与义务，做好客户身份识别、交易记录保存、可疑交易报告等工作，禁止为隐瞒身份信息的客户提供虚拟货币转移等服务，拒绝非法交易，监管日常业务流程等；另外还要求以牌照许可和资质核查的方式落实风险管控与安全审查。同年，加利福尼亚州通过 AB1326 法案，对虚拟货币经营者的义务进行了建章立制。2017 年 7 月，加利福尼亚州通过《虚拟货币商业统一监管法》，从资质许可、权益保护、信息披露等多个角度加强了对虚拟货币商业行为的管制，是美国在虚拟货币规制方面较为成熟的法案。该法案的建立与实施为其他国家进行虚拟货币的立法与监管工作提供了依据，从整体上推进了虚拟货币规制的进程。2017 年 5 月，美国参议院还通过了《打击洗钱、恐怖主义融资和造假法案》，试图通过消除诸如虚拟货币等立法空白和风险，加强现有的反洗钱和打击恐怖主义融资的法律监管。

三、组织体系

"9·11"事件引发了全球尤其是美国对反恐工作的重视。对此，美国专门在原有反恐法律基础上创建了各部门协同合作、相互交流的反恐怖融资工作体系。根据《爱国者法案》，国土安全部与财政部、司法部、联邦调查局等部门共同合作，携手并进，构成美国反恐怖融资执法体系。其中，国土安全部、财政部、司法部扮演着重要角色，在整个体系执法和政策制定中处于主要地位。财政部主要在法律允许的范围内贯彻落实《银行保密法》，并在其授权下通过发布规章的方式来规制银行等金融机构间的信息交换，要求其针对金融犯罪采取一系列防范措施，包括针对反恐事项提交报告，并阻止有恐怖融资风险的银行间兼并；国土安全部则主要是站在国家的角度，打击与预防洗钱、恐怖融资等违法犯罪行为，识别金融体系中容易被恐怖组织和资恐方利用的高风险环节以及法律漏洞，并采取有效的措施加以完善；司法部则主要执行司法管辖权，对法律范围内的洗钱犯罪案件、恐怖活动案件进行起诉以及司法判决，同时执行财产扣押、没收、刑罚等工作。

2004 年，美国财政部专门针对资助恐怖活动行为成立了反恐金融情报司，要求其负责分析与截留恐怖分子融资等相关信息，其下设四个部门，分别是：恐怖融资与金融犯罪办公室，负责相关政策的制定，其情报来源以数据搜集为主，不仅包括美国银行界和金融机构依法提交的交易和账户信息，还包括环球银行金融电信协会（SWIFT）提供的部分信息；情报分析办公室，主要职责是从海量的国际金融与国际贸易数据中，对各国的商业机构、银行的资金流向进行监测和分析，并直接提出金融攻击武器，用于美国政府对外金融制裁和金融外交；国外资产控制办公室，负责在国家安全目标基础上，依据总统的国家紧急权力以及其他具体法规的授权，对特定国家从事洗钱、恐怖融资以及大规模杀伤性武器分散、流通、售卖和其他威胁美国国土安全及经济发展的行为体，进行经济与贸易制裁；金融犯罪执法网络（FinCEN），作为美国金融情报机构，是财政部监视和执行预防及侦查洗钱政策的主要机构，负责与金融机构协同合作，要求金融机构提交报告并保留交易记录。此外，反恐金融情报司还在打击金融犯罪、维护金融机构声誉、对特定国家进行经济制裁等方面发挥着重要的作用。美国国税局是管理和执行美国税法的政府部门，也在美国反洗钱和反恐怖融资中发挥着关键作用。

作为美国在反恐方面的重要执法机构，美国司法部主要负责恐怖融资犯罪活动的起诉、司法判决、调查等工作。"9·11"事件之后，美国联邦调查局（FBI）成立了恐怖融资运作部，其负责联邦调查局对恐怖融资支持者的调查工作，并确保联邦调查局在反恐调查中加强对其金融活动的调查力度。药物执行管理局（DEA）的毒品贩运和洗钱执法举措试图阻断向恐怖组织的毒品贩运和洗钱路线，而酒精烟草火器和爆炸物局（ATF）则对非法出售爆炸物和烟草制品进行调查。海关和边防局通过海关系统监测跨境的大额现金流动情况，并保存与美国有关的商品和人员流动数据。移民和海关执法局（ICE）和国土安全调查署（HSI）对涉及跨国犯罪的恐怖融资进行调查。自2011年以来，有超过229宗案件已经定罪或在审判，被指控通过物质支持、无牌经营、毒品犯罪和违反经济制裁等方式支持恐怖主义。[1]

四、经验做法

"9·11"事件后，美国针对之前的反恐怖融资政策和措施进行了反思，发现其反恐怖融资中存在情报搜集不充分、协作机制不健全、监督职责不到位以及分析技术不过关等问题。比如，"9·11"事件前美国对恐怖融资的情报搜集在政策上并无优先权，而相关情报内容则是支离破碎或语焉不详，并且通常是滞后的；美国各相关部门在调查伊斯兰慈善机构或知名财团时，由于认识不同或集团利益所限，缺乏有效的协调，且难以有效共享情报信息；美国设立的类似"国外资产控制办公室"（OFAC）等监管部门，由于职责模糊不清，监管职责难以执行到位；情报分析技术能力不够强大，缺乏具备数据存储、检索、分析和管理的情报分析工具，难以有效处理海量的恐怖融资数据信息。

"9·11"事件后，美国重新调整了其反恐战略，将反恐作为其国家安全的首要任务，并第一次全力聚焦恐怖融资，确定了打击恐怖融资的总体战略：一是加大执法和情报行动，严厉打击恐怖融资；二是对恐怖组织或恐怖分子进行"定性"并公布名单，冻结恐怖组织及其支持者的资产；三是完善反恐怖融资国际合作机制。美国不仅补充和修订了相关法律法规，并在"9·11"事件后设立国土安全部，在联邦调查局设立恐怖融资业务处，加强财政部国外资产控制办公室和金融犯罪执法网络的职能，重构和加强了恐怖融资执法协作机制，同时构建了情报共享和机构合作机制，从而保证了对恐怖融资的高效打击。

美国通过严密的法律法规和相应的机构来保障反恐怖融资的措施有效实施。美国金融市场较为庞大，金融体系较为完善，全球经济金融化和全球金融美元化体系使得美国及美元在国际金融体系中占据主导地位，也可以称为不对称性，为美国打击恐怖融资提供了天然的优势。针

---

[1] 王沙骋：《恐怖融资与对策》，中国人民公安大学出版社2018年版，第112页。

对恐怖融资筹集和转移的快速化、多样化和复杂化的特点，美国情报部门与执法部门、金融监管部门通力合作，加强了对恐怖融资相关情报的搜集与分析工作。

一是多渠道搜集情报。美国执法部门通过搜查现场，获取恐怖分子的金融交易凭证和记录来发现和证明恐怖融资相关信息，通过银行等金融机构上报的可疑交易信息分析可疑行为。美国《爱国者法案》要求各金融机构建立大额交易报告、可疑交易报告等相关制度，加强对金融信息以及金融交易活动的监管。大额交易报告要求金融机构不管金融交易类型如何，都必须要保存交易数额在1万美元以上的交易记录，同时提交报告信息。可疑交易报告要求证券、保险、银行等相关金融机构或中介机构提交证券期货业、赌博业等相关领域的可疑交易报告，以便于更好地识别风险，追踪恐怖融资活动。其他交易报告则要求银行、证券等相关金融机构有必要提交交易数额在1万美元以上的非金融领域现金收入报告、金融票据跨国运输报告等。

二是加强对金融数据的分析应用。美国相关部门高度重视对金融信息及相关数据的分析与挖掘，将金融信息与恐怖活动情报结合起来进行分析，成为发现、识别和定位恐怖组织或恐怖分子最有效的方式。美国通过环球银行间金融电讯协会（SWIFT）所开发的监测资金流动趋势的程序来把握恐怖融资的各方面信息。2006年，作为恐怖融资追踪项目的一个措施，美国中央情报局、国家安全局、财政部等机构以追踪恐怖分子和恐怖组织资金流动为目的，向SWIFT索要了转账交易记录，为打击恐怖融资、消除恐怖主义奠定了基础。

三是加强跨部门、跨机构协作与国际合作。"9·11"事件后，美国政府形成了包括情报部门、执法部门、财政部门与外交部门在内的广泛而积极的跨部门协作机制，以国家安全委员会作为协作机制总协调，全力打击恐怖融资。美国各职能部门需要加强与国际组织的合作，通过金融情报、反恐情报、恐怖融资情报的共享与交流，来提高美国发现与打击恐怖融资的能力。美国还推动联合国建立了冻结世界范围内恐怖主义资产的国际法律体系,其反恐怖融资行动得到了国际社会的普遍支持。美国与沙特阿拉伯、意大利和海湾国家组织成立了"打击'伊斯兰国'融资集团"和"恐怖融资名单制裁中心",强化国内国际情报共享和监管合作。美国还联合伊拉克等高风险国家和地区对恐怖组织开展针对性军事行动,打击恐怖组织资金运输线路,清扫恐怖组织收取过路费的关卡,强化边境巡逻和输油管道保护,阻断恐怖组织资金来源。

此外,高效的金融制裁体系使美国能够更好地预防与打击恐怖融资活动。美国政府依托国外资产控制办公室所提交的恐怖组织名单,对该名单上的公司、组织以及个人等进行严厉的经济贸易及金融制裁,约束其资金流通,冻结其在美国以及管辖区域内的金融资产,以保证反恐战争的胜利。但金融制裁具有极强的单边化色彩,而美国等发达国家凭借其在国际政治经济,特别是国际金融中的规则制定优势,有效地实施了金融制裁措施。随着反恐怖融资的不断深入,执法部门发现彻底消除恐怖分子的资金来源是不可能的,反恐怖融资的成本收益比也不理想,并且恐怖分子越来越多地寻求非正式的方法来转移、获取和储存资金,从而使执法部门更难发现和打击,美国反恐怖融资的战略目标也开始从没收恐怖分子资产转向情报搜集。[1]

"9·11"事件之后的十几年内,美国相关执法部门不仅成功追踪并处罚了资助"9·11"恐怖袭击的犯罪行为,使用传统及非传统执法技术和情报行动打击了恐怖主义的恐怖融资网络和资金链,而且通过国际社会的努力及国内不同部门的协作配合,制定了严格的金融监管、资产冻结、金融制裁措施,较大程度上控制了恐怖融资的渠道,从而有效地震慑和遏制了恐怖融资行为。目前为止,美国在打击恐怖融资方面取得了显著效果,其全方位的反恐怖融资战略与措施为我国的反恐怖融资

---

[1] Raphael Perl, "Anti–Terror Strategy, The 9/11 Commission Report, and Terrorism Financing: Implocations for U. S. Policy Makers", in Jeanne Giraldo, Harold A. Trinkunas, "Terrorism Financing and State Responses: A Comparative Perspective", California: Stanford University Press, 2007, p. 251.

工作提供了有益的参考与借鉴。

当然，美国在反恐及反恐怖融资方面存在双重标准，打着反恐的名目借机重整国际金融秩序，控制国际金融市场和资本流向，从而维护自己的金融霸权。如"9·11"事件后，美国以追踪恐怖分子为由，通过行政传票向一些国际金融机构索要相关金融交易信息，200多个国家中的数千家金融机构在美国的压力下被迫违反行业道德和保护客户秘密的从业法则，向美国提供了其工作规程不允许提供的信息。大量金融机构数据单向流往美国，这导致多国的金融状况暴露在美国面前，严重损害了其金融安全利益。

第三节 英国反恐怖融资战略体系

英国在全球金融市场中的地位举足轻重，仅仅是面积一平方英里的伦敦金融城就聚集了全世界 35.8% 的每日外汇交易、70% 的国际债券交易和 19% 的跨国贷款，英国金融业和专业服务行业的规模，连同开放的经济，对于海外投资者的吸引力使得国际洗钱风险问题在英国异乎寻常的严峻。巨额海外犯罪收益往往都是通过英国实施洗钱活动，虽然没有准确的数字，但据权威估计，20 世纪末来自毒品交易市场的非法资金约占英国 GDP 的 1%，而到 2009 年则有约 1.6 万亿美元赃款流经英国。[①] 作为最早遭受恐怖主义袭击的国家之一，英国从 20 世纪 70 年代就开始致力于国内的反恐工作。随着恐怖袭击事件层出不穷，英国面临着严重的恐怖主义威胁。英国 2017 年的国家评估报告显示，在英国发生的恐怖袭击多数是独狼式恐怖袭击，或者是受恐怖主义影响但独立行动的小团体实施的恐怖袭击，与有组织的恐怖组织相比，这类恐怖袭击更难防范，其恐怖融资行为也更难察觉。因此，英国加大了对恐怖融

---

① 陈浩然：《反洗钱法律文献比较与解析》，复旦大学出版社 2013 年版，第 243 页。

资活动的重视，并陆续颁布了法律条例，加强对金融活动的监管，建立了相对完善的反洗钱和反恐怖融资工作体系。

一、法律体系

英国反洗钱和反恐怖融资法律体系主要由两部分构成：一类是预防性法律，比如《1993年反洗钱法令》《2001年反洗钱条例》等；另一类是惩罚性法律，比如《反毒品贩运犯罪法》《预防恐怖主义法令》《反恐怖主义法》等。

（一）预防性法律

"9·11"事件前，英国预防洗钱的立法以《1993年反洗钱法令》为核心，而制定《1993年反洗钱法令》主要是为了贯彻落实欧洲理事会颁布的《关于防止利用金融系统洗钱的指令》，对金融机构的职责、客户身份识别与调查、保存交易记录等提出具体要求。

"9·11"事件后，英国在《1993年反洗钱法令》的基础上修订颁布了《2001年反洗钱条例》，一是将反洗钱措施延展到反恐怖融资等更广的领域；二是将反洗钱策略措施的义务主体扩大到所有的货币交易服务提供商；三是扩大了职能部门的职责范围，允许海关税务局依法对外汇买卖交易、支票跨境支付结算等行为进行监督、审核、管理，授权财政部修订金融监管法律、金融监管局负责反洗钱工作的领导。

《2000年英国金融服务和市场法》授予英国金融服务局更多权限，同时还针对银行、中介等金融服务机构制定了相关的监管标准，以此更好地预防与打击洗钱、恐怖融资等金融犯罪活动。根据监管条例，银行等金融机构必须尽职调查其服务对象，保存交易记录，同时做好可疑交易报告等工作。更有意义的是，金融服务局建立了一个客观、合理的标准，可以对金融机构及其工作人员的行为进行衡量，以便对违反监管规则的行为实施民事和刑事制裁。

《2010年英国涉恐资产冻结法》则进一步规定了相关机构的报告义

务。如果相关机构依据其在经营业务过程中获得的信息和相关事项知道或有合理理由怀疑该人是被认定为冻结资产的人或构成违反相关禁令的人，有关机构必须尽快报告。

《2017年刑事金融法案》则给执法者增加了对恐怖资金额外的冻结和没收权力。执法人员可向法院申请命令冻结恐怖资金两年，而在冻结令生效前还可以直接申请没收涉恐资金账户的资金。同时，该法案规定了域外效力，将英国反恐怖融资权力延伸至域外。

根据英国法律条例，如果金融机构拒不履行职责，即便没有发生恐怖融资事件，其行为也构成犯罪，最高可判处两年监禁。就各国现有的反恐怖融资法律体系来看，英国在反洗钱和反恐怖融资义务追责制度中最为严苛。

（二）惩罚性法律

英国是世界上最早从刑法的角度对洗钱等金融违法活动进行规制与惩处的国家之一。在1986年，英国颁布《反毒品贩运犯罪法》，明确表示与毒品走私、贩卖有关的财产罪，首次尝试将洗钱与特定的上位犯罪相连接。该法规定，有隐瞒、转移、非法处置毒品贩卖收益等行为者，或者协助他人进行毒品走私或贩卖者，将处以14年以下的监禁。该法律仅适用于毒品犯罪的洗钱交易，约束力较小，规制范围较为狭窄。但英国将与毒品犯罪有关收益的行为规定为洗钱犯罪的做法，比联合国发布的相关法律条例更早。而在联合国公约发布后，英国也积极做出回应，并把与洗钱行为相关的犯罪都纳入法律规制的范畴。

1989年，英国颁布《预防恐怖主义法令》，明确表示任何人只要存在恐怖融资意图，或存在资助恐怖组织及其成员或恐怖主义事件的行为，均构成"协助保持或者控制恐怖犯罪资金罪"。这表明了英国反恐的决心，在当时的国际社会具有超前的意义。

2000年，英国颁布《反恐怖主义法》，从立法层面上对恐怖融资资产范围等进行了严格的定义，同时还明文规定了针对洗钱以及恐怖融资等财产扣押、没收程序，确立了恐怖融资的管辖权，表示为恐怖组织及其成员融资，以恐怖犯罪为目的的资金占用、使用等行为均构成犯罪，同时根据犯罪性质追究相关行为主体的刑事责任。

2001年，英国出台《反恐怖主义、犯罪及安全法》，对原有的反恐法律体系进行了补充与修订。一是修改了处罚、没收恐怖分子资金的有关法律条例；二是赋予财政部更多的权限，允许其在一定情况下罚没和冻结恐怖活动资金；三是扩大了金融机构的职责范围，要求其必须在法律规定的范围内完善信息披露机制，加强对外币兑换的监管。

2006年修订的《反恐怖主义法》将为恐怖分子融资、对恐怖分子资金的占有或使用、为恐怖主义进行融资安排、替恐怖分子洗钱等均规定为犯罪行为，并授予警察部门追查恐怖资金、掌握金融机构及通信部门信息资料等权力。除此之外，该法还进一步完善了犯罪界定范围，表示为恐怖分子或民众提供恐怖活动指导与训练均构成"恐怖主义训练罪"，要依法追究其刑事责任，并授予了法院罚没、处置、毁灭犯罪者财产的权限。2008年修订的《反恐怖主义法》则进一步从规范涉恐资产处置程序等角度，对原有反恐法律体系进行了完善。

2015年颁布的《反恐怖主义、犯罪及安全法》主要为应对"伊斯兰国"的国际招募、网络恐怖主义、涉恐极端主义思潮蔓延等严重威胁，以更大力度阻止英国人到国外参战，要求中小学、大学等提供帮助防止青少年思想被极端化，禁止保险公司提供赎金保险，航空公司必须更有效地提供乘客信息等。

2020年2月2日，英国伦敦南部发生一起持刀袭击事件，凶手苏德什·安曼（Sudesh Amman）在刺伤两人后被警察当场击毙，而这一事件的发生距离安曼自动获释仅过去不到半个月。此外，2019年11月29日的伦敦桥恐袭案凶手乌斯曼·汗（Usman Khan）也是一位自动获释的恐怖分子。该事件使英国允许具有恐袭嫌疑的重刑犯服刑过半可提前获释的法令，再次遭到了人们的质疑。为了阻止释放正在服刑且刑期过半、具有恐袭嫌疑的重刑犯，英国于2020年2月28日紧急通过《2020

年恐怖分子自动获释限制法案》。根据法案规定，具有恐袭嫌疑的重刑罪犯，必须在服刑三分之二以上刑期后，并获得假释委员会批准才能够获得释放。这一方案生效后，有约50名刑期过半、等待自动释放的恐怖分子将继续留在监狱中，并在完成三分之二的刑期后由假释委员会评估是否符合获释条件。

二、组织体系

在部门设置方面，财政部门、警察部门等是英国最主要的反洗钱和反恐怖融资执行部门。其中，财政部门主要负责相关政策的制定、反洗钱和反恐怖融资规章制度的制定与颁布，参与国际标准的修订与完善等；警察部门主要负责侦查、识别、打击洗钱与恐怖融资、恐怖主义等活动；司法部门主要行使司法管辖权，对洗钱、恐怖融资案件进行调查、起诉、司法判决等。此外，英国在打击严重有组织犯罪局设立英国金融情报中心，负责收集分析与犯罪收益和恐怖融资有关的可疑交易报告，识别犯罪资产，开展对恐怖融资的先期调查，向执法部门提供线索，并协助打击洗钱和恐怖融资；还在内政部设立安全与反恐办公室（OSCT），协助内政大臣协调和组织全国反恐工作，并对相关部门的反恐融资政策及实效进行监督。

英国的反洗钱和反恐怖融资监管主要依托政府部门、执法机关、金融监管部门以及行业自律组织四类机构分工合作，协调完成。2013年，英国全方位改革金融监管机制，反洗钱监管体系也经历了实质性的变革。一方面，英国成立了专门的监管机构，主要负责对洗钱等金融行为进行追踪、监督，以及规范金融机构的行为；另一方面，英国反洗钱监管理念也发生了颠覆性的变化，逐步向事前防范、事后处罚并重的方向转变。当前，在英国共有22个自律组织和行业协会承担对相应特定非金融行业的反洗钱和反恐怖融资监管义务。比如，英国以慈善委员会为主对慈善组织进行监督，慈善委员会负责制定慈善法规、登记注册、税收监管、咨询监督，定期对慈善组织进行资产、财务和风险评估以及相关调查和联合执法,对慈善组织进行分类监管,以监督、管理和规范慈善组织行为。

2017年3月31日,英国财政部成立了金融制裁执行办公室,旨在通过执法渠道来确保英国、欧盟及联合国的定向金融制裁能够被理解、实施和正确执行。与全球大部分国家一样,英国的金融制裁也是服务于英国的外交政策及国家安全的主要工具。2017年12月11日,英国国家犯罪情报局成立了国家经济犯罪中心,其工作重点是打击洗钱等经济犯罪,该部门的成立显示出了英国政府不断强化反洗钱和反恐怖融资制度和执法力度以及惩治洗钱及其他金融犯罪的决心。

关于对虚拟货币等加密资产的监管,英国政府于2018年3月成立虚拟货币特别工作组,对虚拟货币可能导致的金融犯罪行为、市场诚信风险和金融稳定风险进行密切调查和研究,并适时纳入监管体系。自2020年1月10日起,英国金融监管局对加密资产开展业务的公司进行监督,规定从事虚拟货币有关活动的公司必须遵循新的要求,包括确定和评估其业务所产生的洗钱和恐怖融资风险水平、采取降低洗钱和恐怖融资风险的措施、对客户进行尽职调查、被确定为"高风险"的客户应接受"增强的尽职调查"。

三、经验做法

为了确保反洗钱和反恐怖融资法律法规的执行,保障各职能单位有效履行反洗钱和反恐怖融资职责,英国建立了反洗钱情报报告官制度、可疑交易报告制度以及金融制裁体系等保障性制度。

一是反洗钱情报报告官制度。在反洗钱和反恐怖融资情报体系中,为了能够更好地监管金融行为、打击恐怖犯罪,英国专门设置了反洗钱情报报告官的职位,要求金融机构在发现可疑交易信息后,及时把报告提交给情报报告官,经过审核与分析后,由其决定是否把该报告上交给监管机关。除了审核可疑交易信息报告之外,情报官员还负责监督金融机构的工作,一旦发现该机构存在违法违规行为,要立即上报监管机构，督促其派遣人员对金融机构加以整顿。英国反洗钱情报报告官制度是对原有可疑交易报告制度的一种补充与完善，有效规避了可疑交易报告难筛选、难识别、警察部门工作量大的问题，具有借鉴意义。

二是可疑交易报告制度。英国内政部发布的《2016年反洗钱和反恐怖融资行动方案》认为，唯有全行业的遵纪守法才是应对洗钱及恐怖融资风险的利刃。同时，政府当局也有义务引导从业者合规履职并帮助他们建立风险观念，推进业务健康发展。内政部还认为，根据具体的风险区域予以精准的资源投入，才是应对风险威胁的正途。为此，英国政府开始致力于减少企业的监管负担，使其可以专注于真正的风险。作为该战略的一部分，本着尽量减少对日常业务风险严重干扰的初衷，英国当局开始考虑采用更积极的方法来管理和分析可疑活动报告，而不希望义务主体仅仅为了合规风险的万无一失而防御性地报送大量可疑报告。英国内政部对可疑活动报告制度改革的动力很明确，那就是期望减轻国家犯罪情报局的工作负担（2014年至2015年，英国金融监管机构共收到38万份可疑活动报告，并针对其中的14672份予以了认定），促进受监管机构与执法机构之间的信息交流。

三是特定非金融行业职业反恐怖融资监管全覆盖。英国对金融行动特别工作组定义的所有特定非金融行业和职业都进行了全面的反洗钱和反恐怖融资监管，除金融行动特别工作组规定的会计、法律、房地产、珠宝、博彩等行业外，还覆盖典当、拍卖等高价值转移行业。国家税务海关总署、博彩委员会及22家行业监管者自律组织负责特定非金融行业和职业的反洗钱和反恐怖融资监管工作。英国还运用风险为本的监管理念，采取现场和非现场监管相结合的方式对特定非金融行业和职业实施监管，对违规机构不仅采取发警告函、开除会员资格、罚款等处罚措施，还通过发布指引文件和最佳做法案例、举办专业研讨培训等方式，提高特定非金融行业和职业的反洗钱和反恐怖融资意识。

四是通过明确职责、信息共享等方式提高法人透明度水平。英国制定了完善的法律法规，要求所有金融机构及特定非金融行业和职业开展受益所有权的客户尽职调查。与德国、法国、意大利和西班牙签署受益所有权信息自动交换协议，实现快速共享受益所有权信息。建立多渠道获得受益所有权信息的工作机制，工商注册部门、联合洗钱情报工作组、国家犯罪局、税务海关总署等部门均可以应要求提供受益所有权信息，执法机构还可以直接从法人实体处获取与受益所有权相关的信息。对未按规定报告受益所有权的实体进行处罚，其中仅工商注册部门2016—2017年处罚相关实体金融便达8900万英镑，并起诉了1900名董事。

为了迎接金融行动特别工作组第四轮互评估，英国当局推进落实了多项举措，其中包括：建立了受益所有权集中登记制度；通过并实施《2017年金融刑事法案》；成立打击经济犯罪部长级战略委员会；改革可疑交易报告制度；赋予严重欺诈办公室没收犯罪资金的更大权力。此外，英国把金融机构的监督管理与反洗钱、反恐怖融资完美地融合起来，构建了一套相对完善的金融机构风险评估和识别制度。

2020年1月10日，英国金融行为监管局（FCA）成为反洗钱和反恐怖融资（AML/CTF）监管机构，负责根据修订后的《反洗钱、反恐怖融资和资金转移条例》对企业开展加密资产经营活动监管。2020年12月17日，财政部和内政部联合发布了英国第三次洗钱和恐怖融资的国家风险评估（NRA），将加密资产的洗钱和恐怖融资风险从"低级"提高到"中级"。

第四节　俄罗斯反恐怖融资战略体系

20世纪90年代，俄罗斯恐怖袭击事件频发，恐怖主义活动活跃。面对日益猖獗的恐怖主义活动，俄罗斯政府加强了反恐措施，并把反恐怖融资纳入了刑法体系，希冀通过强制性、严厉的反恐措施，打击恐怖融资活动，消除恐怖主义。

一、法律体系

俄罗斯积极参与国际反洗钱立法工作，于 1997 年加入了欧洲理事会反洗钱评估委员会，并于 1999 年签署了欧洲理事会关于打击洗钱的《斯特拉斯堡公约》。从国内立法来看，1997 年 1 月生效的俄罗斯《刑法》第 174 条明确提出非法途径获取收入的洗钱犯罪。2002 年，俄罗斯对《刑法》进行修订，规定支持与资助恐怖组织及其成员的行为均构成犯罪，应承担相应的刑事责任。2006 年，俄罗斯进一步补充了资助恐怖组织及其成员的行为范围，具体包括：为恐怖活动提供与募集资金；为恐怖组织筹备或捐助资金；支持与援助恐怖主义等。

2001 年，俄罗斯出台的《反非法收入合法化（洗钱）与恐怖主义融资法》，对资金管理、监控等各项程序进行了规范指导与明文规定，希望通过这种方式加强对非法资金的监管，打击洗钱和恐怖融资犯罪活动。另外，根据该法，金融机构在开展金融业务时有必要调查与识别客户身份，做好客户信息登记备案，同时还要在法律允许的范围内采取有效的措施认证收款人或最终受益人的身份信息，并向相关监管部门提交报告。根据反恐怖融资形势变化，俄罗斯分别于 2002 年、2003 年和 2007 年对该法进行了完善和补充，进一步完善了反恐怖融资条款，明确了金融监管委员会冻结涉恐账户资金的职权，并规定对超过 60 万卢布或等值外汇的大额现金交易进行监控。

2017 年，俄罗斯正式宣布，为了抑制网络洗钱的快速发展态势，俄政府将加大对虚拟货币交易的监管，要求在开展虚拟货币、数字货币等金融业务时，必须明确交易双方的身份信息，做好相关的身份认证工作，从而为政府备案审查提供依据。

二、组织体系

2004 年 3 月，俄罗斯《关于联邦行政机关体系与机构》（第 314 号总统令）将财政部金融监察委员会改组为直属总统的联邦金融监管局，并与当时的联邦反恐委员会合作建立了专门的反恐怖融资程序,以追踪并冻结恐怖组织的资金,打击其筹资行为。2004年7月,俄罗斯组建了"关于反非法收入合法化(洗钱)与恐怖融资国家战略方案跨部门工作小组"。2005年10月25日,又成立了"反非法收入合法化(洗钱)与恐怖融资跨部门委员会",主要进行恐怖融资信息共享和金融反恐情报协调政策与措施会商。2009年12月8日,俄金融监管局第336号命令确定了该委员会是协调银行与相关国家行政部门的反洗钱和反恐怖融资单位,该委员会囊括了财政部、外交部、内务部、司法部、联邦金融监管局、联邦安全局、中央银行等25个部门。[①] 2012年6月13日,普京签署《关于金融监管局的问题》,详细规定了金融监管局的职权、组织形式。金融监管局还通过参加金融行动特别工作组和欧亚反洗钱与反恐怖融资工作组等反洗钱和反恐怖融资国际组织开展国际合作,获取恐怖组织国际融资情报。2012年6月,金融监管局成立了国家安全威胁评估中心,主要负责搜集分析包括恐怖组织洗钱在内的情报,拟定应对措施,整合反恐怖融资信息,在本领域开展预测性情报分析工作,向国家反恐委员会提供本领域恐怖活动动向。国家安全威胁评估中心的建立与逐渐完善,也使俄罗斯在国内、国际开展反恐怖融资有了有效的平台。2012年,俄罗斯与白俄罗斯等国家签订了《俄罗斯、白俄罗斯、哈萨克斯坦海关联盟反洗钱协议》,承诺如果发现恐怖融资行为或现象时,海关有权冻结其资产,以切断其经济支持,有效打击恐怖活动。

俄罗斯银行机构根据金融行动特别工作组"40项建议"和沃尔夫斯堡集团的一系列原则规范了对可疑金融交易的反应程序,即根据客户是否具有恐怖融资风险特征而对客户区别对待,查明交易对手和最终受益人的身份;银行也针对自己的员工制定了内部监督程序、设立独立审计员等政策。

[①] 梁立峥、李志鹏:《反恐融资法治实践的国际经验与启示》,《江南社会学院学报》2018年第1期。

三、经验做法

俄罗斯负责反洗钱与反恐怖融资的机构是联邦金融监管局。在开展反恐怖融资工作时，联邦金融监管局与国家反恐委员会共同配合，确定了相关反恐怖融资程序，对租赁公司、赌场、贷款机构等金融组织或单位加强监管，同时要求信贷机构、证券公司、保险和租赁公司以及办理汇款业务的非信贷机构应积极配合金融监管部门开展反洗钱行动，如发现疑点，必须向金融监管局汇报。金融监管局有权对涉恐嫌疑人员的交易进行监控，并对涉恐人员的账户进行冻结。贷款机构与金融监管局建立了信息传输系统，准实时传输相关业务信息，简化了工作程序，提高了冻结恐怖分子资产工作的效率，增强了俄罗斯在反恐怖融资领域的能力，在阻止恐怖组织洗钱与融资方面发挥了巨大作用。此外，金融监管局还定期向银行通报与恐怖组织和恐怖活动有关的组织与个人名单，银行等金融机构据此确定转入账户的资金是否与恐怖组织有关。如果有充足的证据证明该入账资金是用于洗钱或恐怖融资，那么金融监管局必须要上报给联邦政府及其相关执法机构。同时，金融监管局还必须要实时分析与归纳所获得的金融信息，对与犯罪、洗钱、恐怖融资等相关信息进行识别、归整，同时及时上报给国家反恐委员会。俄罗斯反洗钱和反恐怖融资流程见图6—1所示。

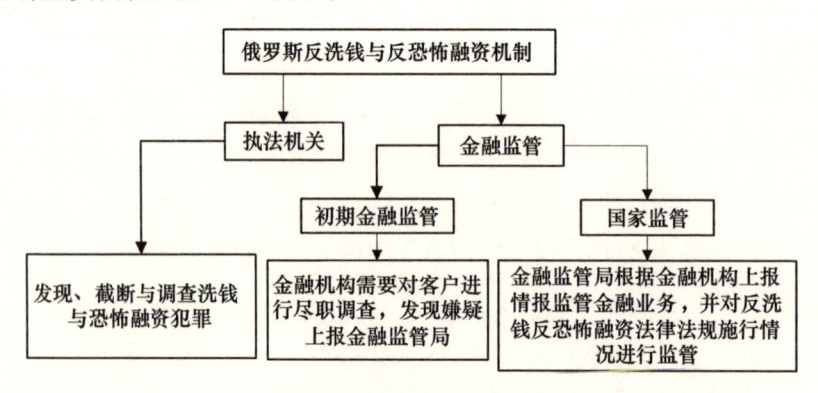

图6—1 俄罗斯反洗钱与反恐怖融资机制

第五节　国际反恐怖融资战略体系协同

经济基础决定上层建筑，恐怖融资是恐怖组织的主要资金来源，也是其开展恐怖活动的重要经济支持。因此，各国要想取得较好的反恐效果，必须从经济的角度着手，切断恐怖组织的经济基础以及资金来源渠道，使其缺乏资金的供应，由此减少恐怖袭击活动。无论是联合国，抑或是各国际组织，还是各个国家，对于恐怖融资的立法精神和态度都是一样的。通过梳理国际反恐怖融资体系发现，其在法律法规、机构组织、保障机制等方面具有共同的特征。

一、国际反恐怖融资法律体系特征

美国、英国、俄罗斯三国均依照国际公约以及相关法律条例，基于本国国情，对原有的反洗钱、反恐法律进行了修订、补充，或者专门开辟反恐怖融资法律板块，对反恐怖融资的相关内容进行明文规定。另外，在反恐怖融资法律体系建设方面，美国等三个国家均形成了以国家法律为主体、以行政法规为基本、以行业准则为补充的三级法律体系，把支持、资助恐怖主义行为均视为刑事犯罪，并依法追究行为主体的刑事责任。虽然反洗钱的规定有所收紧，但大多数国家已经认识到，反洗钱规定本身不足以抑制恐怖融资。各国还应在冗长的司法程序之前就迅速识别和冻结恐怖分子的资产。在动态上，根据国际公约和国家间条约，结合本国国情，或在既有的刑事法律、反恐法律或反洗钱法律中增设反恐怖融资的条文，或直接制定反恐怖融资的专门法律。

反恐怖融资领域的两个主要的措施发挥了重要作用。一是不断加强的反洗钱和反恐怖融资法规，减少了银行和汇款机构被用于恐怖融资的可能性，使恐怖组织在全球筹集和转移资金以支持恐怖主义行动变得更加困难和昂贵；二是由美国和国际社会建立的恐怖组织和恐怖分子资产冻结制度，有效地减少了各种组织被用于筹措恐怖资金的可能性。

二、国际反恐怖融资组织体系特征

在具体的反恐怖融资工作中，美国、英国、俄罗斯三国均深刻认识到各部门协同治理的重要性。对此，各国均建立了侦查机关、执行机关、司法机关等多部门协调合作的工作体系，充分发挥各部门的专业性，全方位、多角度地推进反恐怖融资工作的开展。比如，美国反恐怖融资调查主体为国土安全部，财政部拥有冻结、扣押、罚没犯罪主体财产的权力；英国的调查主体为警察部门，主要负责侦查、识别、追踪恐怖融资行为；俄罗斯的调查主体则为金融监管部门，主要负责对各类金融机构进行监督管理，对各种金融信息进行分析、识别。

同时，为了进一步扩大恐怖融资信息的收集范围，更好地指导反恐怖融资工作，各国均专门成立了金融情报机构。比如，美国在财政部设立反恐金融情报司，主要配合国土安全部、财政部等部门收集、整理、分析恐怖融资等相关情报；英国在内政部设立国家犯罪情报局，主要对洗钱、毒品走私贩卖、恐怖融资等各种犯罪信息进行收集、识别，以此为各部门打击犯罪工作提供依据；俄罗斯在财政部设立联邦金融监管局，主要对各种金融机构进行监管，对监管信息进行分析，同时代表本国与其他国家进行反恐怖融资国际合作。在建立或加强行政基础设施方面，许多国家针对恐怖融资改进了可疑交易报告制度，第一次建立了金融情报机构或者其他跨部门机制来处理恐怖融资问题，越来越多的国家加入了埃格蒙特集团。

三、国际反恐怖融资经验做法及原则

通过梳理美国、英国、俄罗斯等国反恐怖融资的经验做法，有以下几点值得我们借鉴：一是严密的货币交易报告制度，覆盖了多个领域，贯穿金融交易的全过程；二是多渠道搜集恐怖融资情报，涉及金融机构与特定非金融机构，涉及各种网络数据库和信息资源，建立综合监测分

第六章　国际反恐怖融资战略体系

析平台,加强对各类数据的分析利用;三是加强跨部门跨机构协作,各执法机构各司其职、协同配合,共同打击洗钱与恐怖融资犯罪。

尽管各国反恐怖融资实施框架不同,但有几个共同的基本原则:一是"了解你的客户"原则。要求金融机构和特定非金融机构了解客户的真实身份、客户详细住址、客户经营的业务、与客户建立业务关系的目的以及业务关系可能发生的各种变化。二是"风险为本"原则。监管者和金融机构应以风险识别为基础,全面了解其在反洗钱及反恐怖融资领域所面临的风险。三是"一致监管"原则。恐怖分子和洗钱者倾向于在最保密、监管最松、最不透明的地区从事非法活动,部分反恐怖融资要求需要在所有国家一并执行才能发挥效果,比如金融行动特别工作组关于电汇的建议就是如此[①]。四是"持续性"原则。反洗钱及反恐怖融资措施需要持之以恒,国际公约和国内立法都应该根据形势发展和实际情况持续不断更新,以实现相关措施的持续有效。

四、国际反恐怖融资战略体系的协同困境

随着经济全球化的不断深入,恐怖组织行为模式发生了巨大的变化,其筹措资金、转移资金的方式也在不断变化。虽然主要国家都积极融入反恐怖融资国际合作,所构建的法律体系和工作机制多有国际公约作为背景,有的甚至在打击恐怖融资双边合作上形成了成熟完备的操作模式。但恐怖组织会根据各国执法部门的监管和制裁措施不断调整其恐怖融资战略,专门利用司法管辖权的漏洞,造成司法混乱,使得相关国家的反恐怖融资措施效果不佳。尽管国际社会已经就反恐怖融资建立了多种类型的合作机制,但是目前的合作机制还有很多需要改进的地方。其中一个首要问题就是国际社会对于恐怖主义缺乏统一认识,这就导致涉及恐怖融资的犯罪行为难以确定。国家主体间的利益矛盾对国家态度起着决定性的作用,即便在恐怖主义这一类针对多国安全的共同威胁愈

---

① [美]理查德·普拉特:《反洗钱和反恐融资指南》,中国金融出版社2008年版,第9—10页。

发猘獬时，个别国家和地区仍缺乏反恐怖融资国际合作的意愿，是掣肘国际反恐合作实际效能的一大障碍。国际一体化的反恐怖融资体系旨在提升金融体系透明度和加强资金流监控，而世界各国在全球反恐合作中表现出越来越明显的认识差异。如中亚等地区个别国家认为这样的体系由大国主导，初衷是为了维护大国安全利益，与自身的利益诉求缺乏一致性，并担心会损害其自身利益，因而缺乏参与反恐怖融资体系建设的积极性。而各国在执行反恐怖融资战略时又受到政府治理能力、政治制度和法律、金融发展状况等的影响。比如，依赖海外汇款和慈善机构资助的国家不太可能采取干预恐怖融资的有力措施，因为担心会扰乱它们的经济；对正规金融系统实施有效监管的国家，可能对于使用非正规金融机构的情况无法有效制约。各国政府经常因各种因素而不采取联合行动来打击恐怖融资。这种不对称合作反应导致了一个极大的外部性——恐怖分子通过合作，可以找到政府间未能合作的最薄弱环节，从而把一些疏于防范的国家作为下次攻击的目标，将金融监管较松的国家作为恐怖融资的重要枢纽。除此之外，一些国家财政能力有限，无力构建和推行反恐怖融资体系，并认为报告和调查可疑交易的负担过重，浪费资源。这样的客观情况，就使得国际反恐怖融资战略体系协同变成了几乎不可能完成的任务。尽管联合国、金融行动特别工作组等国际组织做出了巨大的成就，有力地推进了反恐怖融资的国际协同，但效果仍有待进一步提升。桑德勒（Sandler T.）和阿尔塞（Arce D. G.）曾利用冻结恐怖分子金融资产的案例，简要分析了反恐怖融资国际合作失败的原因。为显示冻结资产的困境，可使用"猎鹿模型"[①]的安全博弈来考虑两国的情形。恐怖分子在这两国能够隐藏他们的资产，当这两国制定相

---

① "猎鹿模型"又称"猎鹿博弈"（Stag Hunt Game，SHG），源自法国启蒙思想家卢梭（Jean-Jacques Rousseau）的著作《论人类不平等的起源和基础》中的一个故事。两个人出去打猎，猎物为鹿和兔，他们互不知道对方选择的猎物。如果选择鹿，则需要另一人也选择鹿，产生合作才能成功狩猎。而选择兔为猎物，不需要合作也能成功，但是猎兔的收益要小于猎鹿。区别于囚徒困境，猎鹿博弈有两种纯策略纳什均衡：全合作或全背叛。而在囚徒困境中，尽管全合作是帕累托最优，但只有全背叛才能达到纳什均衡。

同的措施来冻结资产时,其最大收益都为 F。当一国采取行动,该国获得最小收益 B;另一国什么也不做,则获得收益 E。最后,当两国没有采取任何行动时,获得收益 A,其中 F＞E＞A＞B。在收益的相对大小中,E＞A 意味着不跟随冻结资产的国家可以从恐怖分子那里获得收益,而且不会惧怕恐怖分子攻击其国内或海外利益。但是,如果不合作国家遭到攻击,则有 F＞A＞E＞B,如图 6—2 所示。

		国家2	
		冻结	不冻结
国家1	冻结	F, F	B, E
	不冻结	E, B	A, A

图 6—2　冻结恐怖分子的金融资产的国际合作博弈模型

资料来源:Sandler T., Arce D. G., "Terrorism: A Game – Theoretic Approach", in Todd Sandler, Keith Hartley, "Handbook of Defense Economics", Vol. 2, New York: Elsevier, pp. 778 – 812。

在 F＞E 和 A＞B 既定时,这个安全博弈没有占优策略,却有两个纯策略纳什均衡:两国都冻结资产或都不冻结资产。第三个纳什均衡是混合策略,即上述两个策略以一定的概率出现。为确定这个混合策略均衡,计算出在国家 1 冻结和不冻结两种策略无差别时,国家 2 冻结恐怖分子资产的概率 q。同样,可以得出国家 2 在两种策略无差别时,国家 1 行动的纳什均衡概率 p。一旦 p 和 q 被确定,对国家 2 和国家 1 什么都不做而维持现状的均衡概率,分别为 1 - q 和 1 - p。q 的计算公式为:

$$qF + (1 - q) B = qE + (1 - q) A$$

由此可得:

$$q = (A - B) / [(F - B) + (A - E)]$$

由于对称性,对 p 有同样的表达式成立。当 p 和 q 都超过这个值时,两国以合作的形式都去冻结恐怖分子资产是最好的战略选择。

当博弈扩展到 n 个国家,如果各个参与国都获得 F 的收益,所有国家都必须冻结资产,这样达成冻结资产协议的障碍是显而易见的。如果小于 n 个参与国去冻结,各个追随国只获得收益 B,而不追随国将获得收益 E。因为各国不能预测其他国家遵守冻结协议的意图,只要一个国家坚信另外 n−1 个参与国将以大于 q 的联合概率坚持到底,那么冻结资产是一个可取的策略。因此,这个集体中的每个国家必须以至少 q^{n-1} 的概率去预期冻结资产。例如,有 10 个国家和 q=0.5,每个国家都可以确定是一个追随国,但这并不预示着是一个有效冻结,尤其是当一国或两国破坏该组织的努力时。此外,这些严格的依附概率并不意味着会吸引许多国家去冻结,除非被主要目标国说服。一些国家通过减少援助以示惩罚,促使其他国家也遵守冻结,以此增大(A−E),使得 p 和 q 值减小,从而加强了合作。而惩治不遵守协议的国家至少有两个实际问题:一是要确定接受恐怖分子资金的国家;二是说服冻结追随国来惩罚不追随国。因为害怕报复和失去信誉,一些国家常隐瞒自己与恐怖分子的相互联系,施加惩罚便呈现出一个囚徒困境博弈。如果恐怖分子攻击不合作国家的海外利益,这就降低了 E,而且可能导致 A>E,其结果是依附概率降低。因此,对于恐怖组织来说,其有动机不去攻击接受恐怖分子资金的国家,否则将促使这些国家转而追随冻结恐怖主义资产。

第七章　中国通过 FATF 第四轮互评估

金融行动特别工作组（FATF）是国际上最具影响力的政府间反洗钱和反恐怖融资组织，制定了被国际社会广泛接受的全球反洗钱和反恐怖融资标准。我国自 2007 年加入金融行动特别工作组以来，经历了其第三轮、第四轮互评估工作。我国反洗钱和反恐怖融资工作从无到有，逐步构建了相对完善和有效的反洗钱和反恐怖融资法律体系、组织体系和工作体系，有力打击了洗钱和恐怖融资犯罪，切实维护了我国国家安全，并为国际反洗钱和反恐怖融资工作做出了应有的贡献。

第一节　中国与金融行动特别工作组

作为联合国安理会常任理事国，我国从 1988 年开始便积极参与联合国反恐怖融资相关工作，先后签署了《打击跨国有组织犯罪公约》《制止向恐怖主义提供资助的国际公约》等决议，致力于推动各项反恐怖、反恐怖融资等决议的制定与通过，在打击恐怖主义和恐怖融资方面发挥了重要作用。

自 1998 年起，金融行动特别工作组决定逐步吸收包括中国在内的具有重大国际影响力的国家加入该组织。2004 年，我国正式向金融行动特别工作组提交加入申请。2007 年 6 月，经过金融行动特别工作组的第三轮互评估，我国正式成为金融行动特别工作组成员国。不过，当时我国在很多领域还没有完全达到金融行动特别工作组"40 项建议"

核心标准的要求。此后，我国不断完善与改进相关体系与机制，先后向金融行动特别工作组提交了八份报告，并获得了全员认可，于2012年成功成为第13个完成第三轮互评估的成员，也是第一个在核心条款方面达到国际反洗钱和反恐怖融资标准的发展中国家。

自2014年起，金融行动特别工作组开始对成员国进行第四轮互评估。2018年，金融行动特别工作组委托国际货币基金组织（IMF）牵头组成国际评估组，对我国开展为期一年的互评估。2019年2月，金融行动特别工作组第三十届第二次全会审议通过《中国反洗钱和反恐怖融资互评估报告》，标志着我国的反洗钱和反恐怖融资工作取得了长足的发展，在国际层面得到了初步认可。我国与金融行动特别工作组的相关联系见表7—1。

表7—1　中国参与金融行动特别工作组重大事件表

时间	事件
2004年2月	提出申请加入金融行动特别工作组
2005年1月	成为金融行动特别工作组观察员
2005年6月	成立中国与金融行动特别工作组联络小组，开展技术支持和协调联络
2005年11月	金融行动特别工作组对中国预评估，中国的反洗钱与反恐怖融资体系建设取得显著进展，获得金融行动特别工作组认可
2006—2007年	金融行动特别工作组对中国进行第三轮互评估
2007年6月	接受中国成为金融行动特别工作组正式成员
2007—2012年	中国向金融行动特别工作组提交八份改进情况报告，2012年获得金融行动特别工作组全会认可
2015—2018年	2015年3月正式启动中国接受金融行动特别工作组第四轮反洗钱和反恐怖融资互评估的准备工作，2018年金融行动特别工作组派员赴中国进行为期一年的评估
2018年7月	中国接任金融行动特别工作组副主席（候任主席）职务

续表

时间	事件
2019年2月	2019年2月21日，金融行动特别工作组第三十届第二次全会审议通过了中国第四轮反洗钱和反恐怖融资互评估报告，认可中国反洗钱和反恐怖融资工作取得积极进展，相关体系具有良好基础，但仍存在一些问题需要改进
2019年4月	金融行动特别工作组公布对中国的第四轮反洗钱和反恐怖融资互评估报告，指出中国在特定非金融部门监管、最终受益人制度以及扩散融资金融制裁等方面存在较大进步空间
2019年7月至今	中国任金融行动特别工作组轮值主席（任期至2020年6月结束），开始参与并主导金融行动特别工作组相关规则制定

资料来源：上海大学法治建设与法学理论研究部级课题组：《金融反恐趋势与对策——以指标检测法分析》，华东理工大学出版社2008年版，第46页；其他相关材料。

第二节 金融行动特别工作组互评估基本情况

自成立以来，金融行动特别工作组对成员国或地区的反洗钱和反恐怖融资工作已经开展了四轮互评估，督促成员有效执行反洗钱和反恐怖融资国际标准。2012年2月，金融行动特别工作组修订发布新的国际标准——《打击洗钱、恐怖融资和扩散融资的国际标准：FATF建议》（即新"40项建议"），并以此为依据，从2014年至2022年对所有成员开展第四轮互评估，旨在综合考察成员反洗钱和反恐怖融资工作的合规性和有效性。金融行动特别工作组互评估结果是《联合国反腐败公约》履约审议的重要参考依据之一，也是国际货币基金组织金融部门评估规划的构成部分，是衡量一国金融稳定程度的主要指标之一。

金融行动特别工作组互评估结果代表国际社会对一国金融风险防范能力的综合评价。评估结果被认为在打击洗钱、恐怖融资和扩散融资制度方面存在重大战略性缺陷的国家和地区将被列入高风险国家和地区名单，该名单通常被外部称为"黑名单"。对于所有被识别为高风险的国家和地区，金融行动特别工作组呼吁全体成员并敦促所有司法管辖区采取强化尽调措施，并呼吁各国在最严重的情况下采取反制措施，以保护国际金融体系不受该国洗钱、恐怖融资和扩散融资风险的影响。评估结果被认为在打击洗钱、恐怖融资和扩散融资制度中存在战略性缺陷的国家和地区，将被列入应加强监控名单，该名单通常被外部称为"灰名单"。被列入"灰名单"意味着该成员应承诺在商定的时限内迅速解决识别的战略性缺陷并受到加强的监控。截至目前，被列入"灰名单"的国家和地区有22个。

截至2021年11月4日，金融行动特别工作组已公布全球119个司法管辖区的互评估报告，以及其中70个司法管辖区的后续改进报告。根据《第四轮互评估程序》，评估结果不存在以下情形之一的，将进入常规后续进程，否则将被认定为反洗钱和反恐怖融资体系存在重大缺陷，并进入强化后续进程：

一是有效性指标出现7个及以上"低效"或"中等有效"；

二是有效性指标出现4个及以上"低效"；

三是技术合规性指标出现8个及以上"不合规"或"部分合规"；

四是核心指标（建议3、5、10、11和20）出现1个及以上"不合规"或"部分合规"。

进入常规后续进程的，需要在3年后提交1份后续改进报告，并在5年后接受后续改进评估；而进入强化后续进程的，通常需要在5年内提交3份后续改进报告，并在5年后接受后续改进评估。

根据上述规则，119个司法管辖区中一次性进入常规后续进程的只有18个，占比15%。除了一次性进入常规后续进程的18个司法管辖区外，其余公布后续改进报告的司法管辖区进入常规后续进程的只有瑞典、爱尔兰、挪威和加拿大。

表7—2 一次性进入常规后续进程列表

司法管辖区	报告时间	技术合规性指标					有效性指标			
		合规	大致合规	部分合规	不合规	不适用	高	较高	中	低
西班牙	2014年12月	25	12	3	0	0	1	7	3	0
古巴	2015年12月	16	20	4	0	0	0	5	6	0
亚美尼亚	2016年1月	18	17	5	0	0	0	6	3	2
意大利	2016年2月	10	26	4	0	0	0	8	3	0
中国澳门	2017年12月	22	15	2	1	0	0	6	3	2
葡萄牙	2017年12月	12	22	6	0	0	0	6	5	0
库克群岛	2018年9月	5	33	2	0	0	0	5	4	2
印尼	2018年9月	6	29	4	1	0	0	5	5	1
以色列	2018年12月	17	17	5	0	1	3	5	3	0
英国	2018年12月	23	15	2	0	0	4	4	3	0
希腊	2019年9月	15	22	3	0	0	0	5	6	0
中国香港	2019年9月	11	25	4	0	0	0	6	5	0
中国台湾	2019年10月	10	26	4	0	0	0	7	4	0
白俄罗斯	2019年12月	12	25	3	0	0	0	5	5	1
俄罗斯	2019年12月	7	28	5	0	0	2	4	5	0
百慕大群岛	2020年1月	28	11	1	0	0	1	6	3	1
圣马力诺	2021年7月	18	17	5	0	0	1	4	6	0
梵蒂冈	2021年8月	4	28	6	1	0	0	5	6	0

资料来源：根据金融行动特别工作组网站信息整理。

2018年，金融行动特别工作组委托国际货币基金组织牵头组成国际评估组，对我国开展为期一年的第四轮互评估。评估组现场访问了北京、上海和深圳三地，与100多家单位900多名代表进行了面谈。中国人民银行会同反洗钱工作部际联席会议各相关成员单位为此精心准备，提交了4000多页的评估材料、200多份法律规范、500多个典型案例，并与评估组举行90多场磋商会议，配合评估组顺利完成了互评估工作。① 2019年2月，金融行动特别工作组第三十届第二次全会审议通过《中国反洗钱和反恐怖融资互评估报告》，报告总结了我国反洗钱反恐融资措施执行情况，分析了我国对金融行动特别工作组"40项建议"的合规性以及我国反洗钱反恐融资系统的有效性。

第三节　金融行动特别工作组对中国第四轮互评估结果

金融行动特别工作组的互评估包括技术合规性和有效性这两个相互关联的组成部分。

一、技术合规性评估结果

金融行动特别工作组的技术合规性评估主要评估考察一个国家是否在其打击洗钱、资助恐怖主义和扩散的法律法规和其他法律文书中满足了金融行动特别工作组"40项建议"的所有技术合规性要求，包括"反洗钱与反恐怖融资的政策和协调""洗钱犯罪与财产没收""恐怖融资与扩散融资""预防措施""透明度、法人和法人安排的受益所有权""主管部门的职权和其他制度性措施"以及"国际合作"七个方面，不仅延用了金融行动特别工作组指引和研究报告中较为成熟的内容，而且融合了联合国及埃格蒙特集团等国际组织发布的有关公约和标准。2019年2月，金融行动特别工作组第三十届第二次全会审议通过的《中国反洗钱和反恐怖融资互评估报告》中详细介绍了我国满足金融行动特别工作组"40项建议"的技术合规情况，其中"完全合规"7项，"基本合规"15项，"部分合规"12项，"不合规"6项。根据金融行动特别工

---

① 《专家解读〈中国反洗钱和反恐怖融资互评估报告〉：继续推动中国反洗钱和反恐怖融资工作向纵深发展》，金融时报—中国金融新闻网，https://www.financialnews.com.cn/gc/sd/201904/t20190419_158505.html? from = singlemessage&isappinstalled = 0。

作组的标准，我国将进入强化后续流程，并立即进行整改。

表7—3 我国第四轮互评估合规性评估情况

R.1 评估风险与适用风险为本的方法	R.2 国家层面的合作与协调	R.3 洗钱犯罪	R.4 没收与临时措施	R.5 恐怖融资犯罪	R.6 与恐怖主义和恐怖融资相关的定向金融制裁	R.7 与扩散融资相关的定向金融制裁	R.8 非营利性组织
基本合规	合规	部分合规	合规	基本合规	部分合规	不合规	部分合规
R.9 金融机构保密法	R.10 客户尽职调查（CDD）	R.11 记录保存	R.12 政治公众人物	R.13 代理行	R.14 资金或价值转移服务	R.15 新技术	R.16 电汇
合规	基本合规	合规	部分合规	基本合规	基本合规	部分合规	部分合规
R.17 依托第三方的尽职调查	R.18 内部控制、境外分支机构和附属机构	R.19 高风险国家	R.20 可疑交易报告	R.21 泄密与保密	R.22 特定非金融行业和职业：客户尽职调查	R.23 特定非金融行业和职业：其他措施	R.24 透明度和法人的受益所有权
基本合规	部分合规	合规	基本合规	基本合规	不合规	不合规	不合规
R.25 透明度和法律安排的受益所有权	R.26 金融机构的监管	R.27 监管机构的权力	R.28 对特定非金融行业和执业的监管	R.29 金融情报中心	R.30 执法和调查部门职责	R.31 执法和调查部门权力	R.32 现金跨境运送
不合规	部分合规	基本合规	不合规	部分合规	合规	合规	基本合规
R.33 数据统计	R.34 指引与反馈	R.35 制裁	R.36 国际公约	R.37 双边司法协助	R.38 双边司法协助：冻结和没收	R.39 引渡	R.40 其他形式的国际合作
基本合规	部分合规	部分合规	基本合规	基本合规	部分合规	基本合规	基本合规

资料来源：根据《中国反洗钱和反恐怖融资互评估报告》整理。

金融行动特别工作组的第四轮互评估结束以来,我国高度重视互评估整改工作,采取了多项措施对反洗钱和反恐怖融资工作进行了改善和加强,并于 2020 年 9 月向金融行动特别工作组提交了后续整改报告。2020 年 10 月经金融行动特别工作组审议,将建议 15(新技术)、建议 26(金融机构监管)和建议 34(指引与反馈)的评级从"部分合规"升级为"基本合规"。2021 年 9 月,中国向金融行动特别工作组提交了新的后续整改报告,经金融行动特别工作组审议,将建议 3(洗钱犯罪)、建议 8(非营利性组织)、建议 16(电汇)、建议 29(金融情报中心)由"部分合规"调整为"基本合规",将建议 18(内部控制、境外分支机构和附属机构)、建议 38(双边司法协助)由"部分合规"调整为"完全合规"。

截至目前,在金融行动特别工作组"40 项建议"中,我国"完全合规"9 项、"基本合规"22 项、"部分合规"3 项、"不合规"6 项。我国将继续加强互评估整改工作,并将于 2022 年向金融行动特别工作组报告加强实施反洗钱和反恐怖融资的进展情况。

二、有效性评估

除了合规性评估外,金融行动特别工作组对成员的反洗钱和反恐怖融资互评估还包括有效性评估,主要是反映一个成员反洗钱和反恐怖融资措施有效程度的评级。有效性评估是在 11 个直接成果的基础上进行的,这些结果代表了有效的反洗钱和反恐怖融资制度应该实现的主要目标。一个国家或地区必须证明,在其面临风险的背景下,它有一个有效的框架来保护金融系统免受滥用。我国的有效性评价结果见表 7—4。

第七章 中国通过 FATF 第四轮互评估

表7—4 我国第四轮互评估有效性评估情况

有效性指标	有效性评级	评级说明
IO.1 受评估国家或地区理解洗钱/恐怖融资风险，并采取协调措施打击洗钱/恐怖融资和扩散融资	较高水平	高水平（HE）：直接成果绝大部分内容得以实现，仅需作轻微改善
IO.2 通过国际合作，传递有用信息，推动对犯罪及犯罪资产的打击行动	中等水平	
IO.3 监管机构对金融机构和非银行金融机构采取风险为本的反洗钱/反恐融资监管措施	中等水平	较高水平（SE）：直接成果内容在很大程度上得以实现，仅需做适度改善
IO.4 金融机构和非银行金融机构采取预防性措施，报告可疑交易	低水平	中等水平（ME）：在一定程度上实现了直接成果内容，但仍需做重大改善
IO.5 防止滥用法人进行洗钱/恐怖融资，主管部门无障碍地获取其受益所有权信息	低水平	
IO.6 主管部门利用金融情报信息开展洗钱或恐怖融资调查	中等水平	低水平（LE）：直接成果内容都未达到或达成部分无关紧要，需从基本做改善
IO.7 洗钱犯罪活动得到调查、刑事起诉和制裁	中等水平	
IO.8 没收	较高水平	
IO.9 恐怖融资犯罪活动得到调查、刑事起诉和制裁	较高水平	
IO.10 恐怖分子和恐怖组织的募集、转移和使用资金活动得到遏制，且其无法滥用非盈利组织	低水平	
IO.11 涉及大规模杀伤武器扩散的个人和组织的募集、转移和使用资金活动得到制裁	低水平	

资料来源：根据《中国反洗钱和反恐怖融资互评估报告》整理。

根据金融行动特别工作组的标准，有效性指标出现7个及以上"低效"和"中等有效"，或者出现4个及以上"低效"，则需要进入强化后续流程。

从技术合规性和有效性指标来看，我国反洗钱和反恐怖融资体系仍存在一定改进空间。未来五年，我国必须按照金融行动特别工作组的要求进行强化整改。

三、互评估报告对中国的肯定

金融行动特别工作组审议通过的《中国反洗钱和反恐怖融资互评估报告》充分认可了近年来我国在反洗钱和反恐怖融资工作方面取得的积极进展，认为我国的反洗钱和反恐怖融资体系具备良好基础。

一是反洗钱和反恐怖融资协调机制获肯定。报告高度评价我国国家风险评估和政策协调机制，认为其成效达到了较高水平。中国自2002年成立反洗钱工作部际联席会议以来，建立了包括威胁评估、专项评估、风险研究等在内的多层次洗钱和恐怖融资风险评估体系，并以此为基础制定和实施了国家反洗钱和反恐怖融资战略政策。2016年至2017年，中国人民银行牵头反洗钱工作部际联席会议开展了国家洗钱和恐怖融资风险评估，并向相关政府部门和义务机构发布了《中国洗钱和恐怖融资风险评估报告（2017）》。该报告也成为国际评估组理解中国洗钱和恐怖融资风险状况的基础。2017年，国务院办公厅发布《关于完善反洗钱、反恐怖融资、反逃税监管体制机制的意见》，将反洗钱和反恐怖融资工作提升到国家战略高度，标志着中国实践了金融行动特别工作组倡导的"风险为本"反洗钱策略。

二是金融行业反洗钱和反恐怖融资监管进展积极。报告肯定了我国金融行业反洗钱和反恐怖融资监管工作取得的积极进展。我国建立了较为完善的反洗钱和反恐怖融资监管制度体系。中国人民银行对金融行业洗钱和恐怖融资风险状况有充分理解，对金融行业的监管基本符合"风险为本"原则，重点监管银行机构，并根据风险合理调配监管资源；基于对金融机构的风险评估和分类评级，采取了相应的监管和处罚措施，罚款总金额逐年上升。2018年，中国人民银行共对368家义务机构进行了反洗钱行政处罚,处罚金额 13093.13 万元,对个人处罚 941.37 万元;2019 年,中国人民银行对 319 家机构进行了反洗钱行政处罚,虽然处罚机构较上年有所减少,但处罚金额增长 32% 至 17273.6 万元,对个人处罚合计 971.1 万元,较上年略有增长。2020 年,中国人民银行对 614 家义务机构开展反洗钱执法检查,依法处罚反洗钱违规机构 537 家,罚款金额 5.26 亿元,处罚违规个人 1000 人,罚款金额 2468 万元。[1] 尽管我国反洗钱检查和处罚力度进一步加大,但相对我国金融行业资产的规模,反洗钱处罚力度仍有待提高。

三是受益所有权透明度引关注。所谓受益所有权,是对法人或法律安排(如信托等)享有最终收益或能够实施有效控制的权利。随着反洗钱和反恐怖融资体系的不断完善,不法分子开始利用复杂股权、所有权及控制权关系操纵企业法人或信托等法律安排从事洗钱犯罪活动,隐藏幕后的受益所有人。近年来,国际社会推动各国提高受益所有权透明度,使执法机关能够穿透法人和法律安排架构,追踪资产的最终去向。我国采取金融行动特别工作组标准规定的"组合机制"获取法人受益所有权信息:其一是通过反洗钱义务机构的客户尽职调查,识别、核实并保存法人的受益所有权信息;其二是通过国家企业信用信息公示系统公开法人基本信息,并以此为基础穿透获取受益所有权信息。

四是专项打击洗钱犯罪力度得到认可。在使用金融情报、打击洗钱犯罪、没收犯罪收益、打击恐怖融资犯罪等反洗钱和反恐怖融资执法方面,报告对我国的做法给予了积极和较高评价。我国为适应打击洗钱犯罪的需要,不断修改洗钱犯罪立法,并建立了较为完善的反洗钱刑事法律体系。执法机关拥有充分资源和能力,能够对洗钱犯罪采取有效的打击措施。对于无法直接以洗钱罪起诉定罪的犯罪嫌疑人(包括"自洗钱"行为),可以通过上游犯罪定罪处罚。十八大以来,中国打击腐败、非法集资、贩毒等洗钱上游犯罪取得了很大成效。此外,中国还采

---

[1] 中国人民银行:《中国反洗钱报告 2020 年》,2021 年 11 月 26 日,http://www.pbc.gov.cn/fanxiqianju/resource/cms/2021/12/20211223091252300038.pdf。

取违法所得特别没收程序、行政处罚、政党纪律处分等一系列替代措施，全方位打击洗钱犯罪。通过对洗钱及其上游犯罪的打击，洗钱风险得到了一定遏制。

五是肯定我国反洗钱国际合作进展。我国在反洗钱和反恐怖融资国际合作方面具有较为完备的法律框架。我国加入了《维也纳公约》《巴勒莫公约》《联合国反腐败公约》和《联合国制止向恐怖主义提供资助的国际公约》，国内法律机制全面落实了公约要求。建立了司法协助和引渡工作机制，并通过执法、监管以及金融情报交换等渠道广泛开展国际合作，特别是警务合作和金融情报交换取得积极成效。近年来，中国开展了"天网行动"和"猎狐行动"，从境外追回了大量外流的犯罪资产，有力证明了中国追缴犯罪所得的决心。涉恐定向金融制裁方面，2016年中国颁布了《中华人民共和国反恐怖主义法》，为建立健全涉恐定向金融制裁体系奠定了法律基础。防扩散定向金融制裁方面，评估报告肯定中国为执行联合国安理会防扩散制裁决议所做出的大量工作，认为这些工作降低了扩散融资的总体风险。例如，中国建立了跨部委机制对敏感物项进行出口管制，积极运用联合国安理会制裁机制和刑事手段打击违反出口管制的行为。中国人民银行制定了执行定向金融制裁的规则，指导培训金融机构，以提高其理解能力和合规水平，并采取监督检查和处罚措施督促其有效执行。

四、互评估报告指出现存的不足

《中国反洗钱和反恐怖融资互评估报告》在肯定我国反洗钱和反恐怖融资工作取得进展的同时，也指出了我国反洗钱和反恐怖融资领域存在的一些问题。

一是相对金融行业资产的规模，反洗钱处罚力度有待提高。金融机构和非银行支付机构对洗钱和恐怖融资风险的理解还不充分，风险控制措施不足。中国对网络借贷机构的监管以及网络借贷机构在风险认识和风险控制方面存在欠缺。

二是特定非金融行业相关监管尚未实质性开展，特定非金融机构普遍缺乏对洗钱风险及反洗钱义务的认识。报告指出，我国对特定非金融行业反洗钱和反恐怖融资监管缺失。行业主管部门对特定非金融机构的风险认识不足，监管制度不够健全，且未采取有效的监管和处罚措施。特定非金融机构尚未认识到其面临的洗钱和恐怖融资风险，以及需要承担的反洗钱和反恐怖融资义务，未实施有效的风险控制程序和措施，可疑交易报告数量少，相应拉低了反洗钱和反恐怖融资预防措施的整体成效。

三是法人和法律安排的受益所有权信息透明度不足。我国缺少集中统一的受益所有权信息登记系统，影响主管部门直接查询或立即获取全面、准确的受益所有权信息。同时，法人基本信息的准确性和反洗钱义务机构的客户尽职调查水平也影响了受益所有权信息"组合机制"的成效。

四是执法部门查处案件、使用金融情报、开展国际合作工作时侧重上游犯罪，而相对忽视洗钱犯罪。报告指出，中国刑法对"自洗钱"行为不单独定罪，不符合金融行动特别工作组国际标准。执法部门需要提高对反洗钱工作的认识，改变当前"重上游犯罪，轻洗钱犯罪""重掩饰隐瞒犯罪所得罪，轻洗钱罪"的打击思维和做法。我国上游犯罪数量巨大，但直接以洗钱罪调查惩处地下钱庄、贪腐、法人洗钱的案件相对较少，对洗钱犯罪主观明知的标准过高，影响了进一步提升打击洗钱犯罪的成效。执法部门对金融情报的使用多集中于上游犯罪案件调查，运用金融情报驱动洗钱及恐怖融资犯罪调查尚不充分。金融情报中心各组成部分在金融情报共享、基于完整金融情报开展线索分析方面有待完善。

五是在执行联合国安理会防扩散和涉恐定向金融制裁方面存在法律规定上的义务主体、资产范围和义务内容不全面，国内转发决议机制存在时滞等问题。包括冻结涉恐资产的义务主体没有扩展到所有法人和自然人（目前仅限于金融机构和特定非金融机构），没有明令禁止境内实体和自然人与制裁对象进行交易，对执行联合国安理会定向金融制裁的法律依据不充分且时效性较差等。

总的来看，评估报告代表了国际组织对中国反洗钱和反恐融资工作的整体评价，对中国国家风险评估和政策协调、特定非金融行业监管和预防措施、反洗钱和反恐怖融资执法以及国际合作等工作的评价是中肯的，所提建议对中国提升反洗钱和反恐怖融资工作合规性和有效性水平具有很好的借鉴意义。

同时，由于中外法律制度、文化等方面的差异以及评估程序、时间的限制，报告某些内容难免存在偏颇之处：一是适用评估标准和评估方法不一定准确。例如：报告对洗钱犯罪概念理解可能过于狭隘，因而不符合《巴勒莫公约》规定；对金融情报使用的评估也过分关注金融情报中心结构形式和工作流程，这并不符合金融行动特别工作组评估方法要求。二是与其他国家评估尺度有不一致之嫌。例如，我国法人基本信息实现了网络公开，透明度实际上超过很多国家和地区；通过"组合机制"获取法人受益所有权信息已经取得一定成效，与多数国家的做法也基本一致，但报告给予我国的评级明显低于类似情况的国家。三是对我国实际情况的了解可能存在偏差。例如，当前，反洗钱和反恐怖融资工作已经成为防控金融风险、维护金融安全的重要载体。我国反洗钱监管部门对洗钱风险的认识是充分的，但报告并没有完全理解并反映我国对洗钱风险认识及风险监管体系的整体图景，从而低估了洗钱风险监管和预防措施的有效性。另外，我国在执行联合国安理会涉恐和防扩散定向金融制裁决议、严厉打击恐怖主义等问题上取得的效果有目共睹，但很遗憾这些积极因素未在评估报告中予以反映。同时，评估组过于强调金融情报中心的结构，忽视了我国执法机关运用金融情报取得的大量实际成果。金融情报中心的结构需要考虑各国国情，中国地域广、人口多，执法部门分布在全国各地，我国采用非集中化的金融情报中心模式符合国情和实际工作需要。

结　　语

恐怖融资是恐怖分子全球网络的"主动脉",资金链是恐怖活动的"生命线"。[①] 反恐怖融资作为反恐怖战略中的一个重要部分,是切断恐怖毒瘤的"手术刀",重点是削弱恐怖组织的再生能力,也就是其重新补充所损失的人员和物质资源的能力。恐怖融资作为跨学科研究课题,可以采用政治经济学的分析方法,从需求侧、供给侧和流通渠道三个方面进行研究,而反恐怖融资措施则主要聚焦于切断恐怖融资的流通渠道,构建完善的法律体系、协作配合的机构组织以及有效的机制保障。

一是可以从经济学的角度来看待恐怖主义。运营一个恐怖组织,可以被看作是在运营一个特殊的"公司",其追求的是将意识形态宣传、武器装备等资源投入,通过恐怖组织自身的"生产",将其转变成恐怖袭击、政治权利等"增值产品",并通过一系列运作程序,将"增值产品""出售"给特定"客户"。

二是要动态地看待恐怖融资的供给。恐怖融资供给有多种方式,但不同的方式各有优劣,不同的恐怖组织通常会根据其历史背景、所处环境、组织形态、任务目标等因素,选择适合的一种或多种恐怖融资方式。并且,不同时期的恐怖组织也会侧重于不同的恐怖融资方式,是一个动态变化的过程。

三是要发展地看待恐怖融资的流通渠道。随着互联网金融的高速发展,虚拟货币、网络支付、暗网交易等方式,已吸引了恐怖组织的目

[①] 时吴华:《金融国策论》,社会科学文献出版社2015年版,第92页。

光，包括"伊斯兰国"在内的国际恐怖组织，也借助比特币、区块链等新兴技术和方式筹措和转移资金。

四是要客观地看待我国的恐怖融资风险及反恐怖融资工作。我国面临的恐怖袭击风险和洗钱风险都较高，两者叠加后使得我国也面临着中等水平的恐怖融资威胁。我国通过构建包括刑事立法、行政法规、行业规范和要求在内的多层次、系统化、立体式的反恐怖融资法律体系，建立了多部门共同参与的反恐怖融资工作机制，并通过定向金融制裁、涉恐资金冻结等配套制度确保反恐怖融资各项措施落到实处。但我国反恐怖融资实践中存在社会反恐怖融资意识淡薄、相关法律法规仍不够完善、政府机构组织体系与工作机制仍需加强以及国际合作力度还比较薄弱等问题。

通过反恐怖融资，我们不仅要专注于阻止恐怖分子的资金筹措和流动，更重要的是要通过恐怖融资了解到恐怖组织本身。通过追踪恐怖资金，我们不仅可以阻断恐怖组织的资金来源，通过资金发现恐怖组织未来行动的时间和地点、发现恐怖组织的组织架构，还可以了解恐怖组织支持者的来源和支持的程度。

一是通过恐怖资金流动和支出方向调整，可以了解恐怖袭击可能发生的地点与行动策略。通过恐怖资金的流动，可以发现未来恐怖袭击发生的时间和地点；通过恐怖资金支出方向的调整，可以了解恐怖组织活动地点及行动策略的改变。

二是通过恐怖组织内部资金的流动，可以深入了解恐怖组织的内部架构。绘制恐怖分子网络地图是一项极其复杂的任务，但资金流动可以连接已知和未知的恐怖主义网络，有利于了解恐怖组织的组织结构，特别是等级分明的组织结构。

三是通过恐怖资金流动，可以了解恐怖组织获得支持的情况。资金流动可以作为恐怖组织在其控制区及其支持者中获得支持率的一个指标。特别是当恐怖组织长期依赖某些类型的资金来源时，体现得更为明显。

| 结 语 |

我国正处于全面深化改革和对外开放的关键时期，随着人民币国际化和我国金融机构国际化进程的进一步加快，大国之间在国际金融领域的竞争将更加激烈。而同时，国际恐怖主义肆虐，恐怖主义威胁不断增加。在经济全球化的今天，我国逐步走向世界舞台的中央，我们必须高度重视恐怖主义对全人类的威胁，高度重视恐怖融资对恐怖组织的重要作用，坚决反对恐怖主义，严厉打击恐怖融资。完善和发展中国特色社会主义制度，推进国家治理体系和治理能力现代化是全面深化改革的总目标，也是习近平新时代中国特色社会主义思想的重要内容。国务院《关于完善反洗钱、反恐怖融资、反逃税监管体制机制的意见》明确指出："反洗钱、反恐怖融资和反逃税监管体制机制是建设中国特色社会主义法制体系和现代金融监管体系的重要内容，是推进国家治理体系和治理能力现代化、维护经济社会安全稳定的重要保障。"习近平总书记曾多次强调，恐怖主义是人类的公敌，中国坚决反对一切形式的恐怖主义，强烈谴责挑战人类文明底线的恐怖活动。[①] 我们必须要增强宏观视野、大局意识和战略思维，尽快完善反恐怖融资战略体系，严厉打击恐怖融资犯罪，维护国家安全，推进国家治理体系和治理能力现代化，参与构建全球治理体系，为构建人类命运共同体贡献中国力量。

[①] 《习近平：中国坚决反对一切形式的恐怖主义》，https://www.sohu.com/a/42810333_115402。

参考文献

[1] National Consortium for the Study of Terrorism and Responses to Terrorism (START), University of Maryland. (2020). The Global Terrorism Database (GTD) [Data file]. Retrieved from https：//www.start.umd.edu/gtd.

[2] [加]彼得·戴尔·斯科特著,蒋小虎、刘永贞、陈艳鑫译:《美国战争机器:深度政治、中情局全球毒品网络和阿富汗之路》,社会科学文献出版社2016年版。

[3] Loretta Napoleoni, "The New Economy of Terror：How Terrorism is Financed", Forum on Crime and Society, Vol.4, nos.1 and 2, 2004, pp.31-48.

[4] Theodore Levitt, "The Globalization of Markets", Harvard Business Review, Vol.61, 1983, pp.92-102.

[5] 马克思、恩格斯:《马克思恩格斯选集》(第1卷),人民出版社1995年版。

[6] 马克思、恩格斯:《马克思恩格斯全集》(第26卷),人民出版社1975年版。

[7] 列宁:《列宁全集》(第22卷),人民出版社1958年版。

[8] 程恩富:《经济全球化与反全球化的若干分析》,《海派经济学》2007年第2期,第15—23页。

[9] 程恩富、李新:《马克思主义经济思想史》,东方出版中心2006年版。

[10] 吴易风：《马克思主义经济学和西方经济学：吴易风文选》，经济科学出版社 2001 年版。

[11] 王永：《经济全球化趋势与资本主义的历史命运》，《当代世界与社会主义》2003 年第 3 期，第 48—52 页。

[12] 刘文汇：《经济全球化与 21 世纪社会主义的复兴》，《社会主义研究》2003 年第 1 期，第 57—59 页。

[13] 侯茜：《经济全球化背景下的税收主权问题研究》，重庆大学 2007 年学位论文。

[14] [德] 卡尔·海因茨·巴奎、张世鹏：《经济全球化及其后果》，《当代世界与社会主义》1998 年第 3 期，第 11—15 页。

[15] [美] 爱德华·S. 赫尔曼：《全球化的威胁》，《马克思主义与现实》1999 年第 5 期，第 56—59 页。

[16] [德] 乌尔里希·贝克、尤尔根·哈贝马斯著，王学东、柴方国译：《全球化与政治》，中央编译出版社 2000 年版。

[17] [加] 罗伯特·阿尔布里坦主编，张余文译：《资本主义的发展阶段：繁荣、危机和全球化》，经济科学出版社 2003 年版。

[18] 程伟、冯舜华、徐坡岭等：《经济全球化与经济转轨互动研究》，商务印书馆 2005 年版。

[19] 何秉松：《恐怖主义·邪教·黑社会》，群众出版社 2001 年版。

[20] 王沙骋：《我国面临的恐怖主义及情报反恐研究》，《中国软科学》2014 年第 2 期，第 1—11 页。

[21] Schmid A. P. and A. Jongman, "Political Terrorism: A New Guide to Actors, Authors, Concepts, Data Bases, Theories, and Literature", Amsterdam: North-Holland Publishing Company, 1988.

[22] Paul Gilbert, "Terrorism, Security and Nationality: An Introductory Study in Applied Political Philosophy", London: Routledge, 1995.

[23] [意] 洛蕾塔·拿波里奥尼著，尹杨译：《人贩：难民危机中

的罪恶生意》，北京时代华文书局 2017 年版。

［24］［美］塞缪尔·亨廷顿、张林宏：《文明的冲突》，《国外社会科学》1993 年第 10 期，第 18—23 页。

［25］周展：《文明冲突、恐怖主义与宗教关系》，东方出版社 2009 年版。

［26］［澳］约翰·伯顿著，马学印、谭朝洁译：《全球冲突：国际危机的国内根源》，上海人民出版社 2007 年版。

［27］陈波：《国防经济学前沿专题》，经济科学出版社 2010 年版。

［28］［美］詹姆士·库尔斯、辛本健：《对抗单极时刻：美利坚帝国与伊斯兰恐怖主义》，《国际展望》2003 年第 8 期，第 66—69 页。

［29］Adams Jamas, "The Financing of Terror", London: New English Library, 1986.

［30］Nick Ridley, "Terrorist Financing: The Failure of Counter Measures", Cheltenham& Northampton: Edward Elgar, 2012.

［31］Levi Michael, "Combating the Financing of Terrorism: A History and Assessment of the Control of 'Threat Finance'", The British Journal of Criminology, Vol. 50, Issue 4, 2010, pp. 650 – 669.

［32］Timothy Wittig, "Understanding Terrorist Finance", New York: Palgrave Macmillan, 2011.

［33］徐以升、马鑫：《金融制裁》，中国经济出版社 2015 年版。

［34］［美］威廉·奥尔森、戴维·麦克莱伦、弗雷德·桑德曼编，王沿、孔宪倬等译：《国际关系的理论与实践》，中国社会科学出版社 1987 年版。

［35］Marieke de Goede, "Money Media and the Anti – politics of Terrorist Finance", European Journal of Cultural Studies, Vol. 11, Issue 3, 2008, pp. 289 – 310.

［36］张博隆：《国际社会反恐怖融资问题研究及其对我国反恐工作的启示》，中国人民公安大学 2009 年硕士学位论文。

[37] 徐方：《恐怖组织网络化趋势下恐怖融资研究》，复旦大学2009年学位论文。

[38] 方金英：《拉丹恐怖资金网内幕和世界金融反恐情况》，《国际研究参考》2002年第2期，第6—10页。

[39] 刘磊：《恐怖融资与反恐怖融资研究综述》，《国际研究参考》2017年第10期，第52—57页。

[40] John Cassara and Avi Jorisch, "On the Trail of Terror Finance: What Law Enforcement and Intelligence Officers Need to Know", Washington D. C.: Red Cell Intelligence Group, 2010.

[41] 陈浩然：《反洗钱法律文献比较与解析》，复旦大学出版社2013年版。

[42] 林泰和：《国际恐怖主义的资金流动》，《问题与研究》2011年第1期，第97—141页。

[43] Richard H. Ward, "The Economics of Terrorism", Forum on Crime and Society, Vol. 4 Nos. 1 and 2, 2004, pp. 17 – 29.

[44] 徐晨：《防治恐怖主义的国际合作机制研究》，复旦大学2014年学位论文。

[45] 黄风：《美国金融制裁制度及其对我国的警示》，《法学》2012年第4期，第123—130页。

[46] 薛亮：《金融反恐法律制度研究》，西南政法大学2006年学位论文。

[47] 肖宪、刘军：《恐怖资金来源问题研究》，《现代国际关系》2008年第11期，第13—18页。

[48] 兰立宏、师秀霞：《国际视域下网络洗钱犯罪防控策略研究》，中国人民公安大学出版社2016年版。

[49] [新加坡] 维克托·V.拉姆拉伊、迈克尔·荷尔、肯特·罗奇、乔治·威廉姆斯主编，杜邈等译：《全球反恐立法和政策》，中国政法大学出版社2016年版。

［50］Navier, M. S. , "Global Terrorism and International Finance in the Aftermath of 9/11 ［A］", in Christopher Ankersen, "Understanding Global Terror", Cambridge：Polity Press, 2007, pp. 180 – 182.

［51］Wayne E. A. , "U. S. Interagency Efforts to Combat Terrorist Financing", Testimony Before the Senate Banking Committee, September 25, 2003, https：//2001 – 2009. state. gov/e/eeb/rls/rm/2003/24623. htm.

［52］Matteo Vaccani, "Alternative Remittance Systems and Terrorism Financing：Issues in Risk Management", World Bank Working Paper, NO. 180, 2010.

［53］张晓君：《国家经济安全法律保障制度研究》，重庆出版社2007年版。

［54］Mohammed El – Qorchi, "Hawala：How does this informal Funds transfer system Work, and should it Be Regulated?", Finance & Development, Vol. 39, NO. 4, 2003.

［55］童文俊：《基于互联网的恐怖融资研究》，《上海公安高等专科学校学报》2012年第1期，第70—74页。

［56］吴朝平：《移动互联网背景下反洗钱和反恐融资研究》，《南方金融》2014年第10期，第89—90页。

［57］黄卓昊：《恐怖主义融资犯罪和金融反恐立法研究》，华东政法大学2008年学位论文。

［58］童文俊：《恐怖融资与反恐怖融资研究》，复旦大学出版社2012年版。

［59］宋利红：《金融反恐形势分析及对策研究》，《福建警察学院学报》2003年第5期，第20—25页。

［60］车丽娟、侯娜：《虚拟货币的恐怖融资风险及其监管应对》，《信息安全研究》2020年第6期，第566—572页。

［61］王旭：《关于反恐金融情报国际合作的研究》，上海社会科学院2018年学位论文。

[62] U. S. State Department, "2008 International Narcotics Control Strategy Report", March 2008.

[63] 梅德祥:《洗钱规模及洗钱影响与我国反洗钱对策研究》,经济科学出版社 2017 年版。

[64] 初本德:《地下钱庄问题深度解析》,中国方正出版社 2008 年版。

[65] [英] 理查德·普拉特编,王燕之审校:《反洗钱与反恐融资指南》,中国金融出版社 2008 年版。

[66] 莫洪宪:《略论我国的金融反恐》,《法学评论》2005 年第 5 期,第 36—39 页。

[67] 张梅琳:《基于统计监测的金融反恐对策初探》,《统计研究》2006 年第 12 期,第 31—35 页。

[68] 童文俊:《基于层次分析法的中国反恐怖融资机制有效性研究》,《金融理论与实践》2013 年第 11 期,第 14—19 页。

[69] 上海大学法治建设与法学理论研究部级课题组:《金融反恐趋势与对策:以指标检测法分析》,华东理工大学出版社 2008 年版。

[70] 王文华:《论国际金融反恐的现状与反思》,《国际论坛》2008 年第 3 期,第 14—19 页。

[71] Celina B. Realuyo, "Combating the Financing of Terrorism", September 18, 2002, https://2001 - 2009. state. gov/s/ct/rls/rm/14647. htm.

[72] 靳锐:《FATF 恐怖融资类型研究及对我国反恐融资工作的建议》,《金融发展评论》2011 年第 5 期,第 74—79 页。

[73] 侯合心:《〈全球洗钱及恐怖融资威胁评估体系〉解析与借鉴》,《云南财经大学学报》2012 年第 6 期,第 74—81 页。

[74] 范万栋:《试论当前恐怖融资运作方式与反恐怖融资对策》,《中国刑警学院学报》2014 年第 4 期,第 12—15 页。

[75] 严正华、孙玉刚:《反洗钱反恐怖融资基础理论与实践》,中

国金融出版社 2012 年版。

［76］时吴华：《金融国策论》，社会科学文献出版社 2015 年版。

［77］张红力等：《金融与国家安全》，中国金融出版社 2015 年版。

［78］The Financial Action Task Force（FATF），"Emerging Terrorist Financing Risks"，October 2015，www. fatf - gafi. org/media/fatf/documents/reports/Emerging - Terrorist - Financing - Risks. pdf.

［79］［英］蒂姆·帕克曼著，蔡真译：《精通反洗钱和反恐融资：合规性实践指南》，人民邮电出版社 2014 年版。

［80］王沙骋：《恐怖融资与对策》，中国人民公安大学出版社 2018 年版。

［81］Bush G. W. and P. Neill eds.，"President Freezes Terrorists' Assets"，Remarks by President Bush，Secretary of the Treasury O'Neill and Secretary of State Powell on Executive Order，September 24，2001，https：//2001 - 2009. state. gov/s/ct/rls/rm/2001/5041. htm.

［82］Richard Clutterbuck，"Terrorism in an Unstable World"，London and New York：Routledge，1994.

［83］毛泽东：《毛泽东选集（第 3 卷）》，人民出版社 1966 年版。

［84］Charles B. Bowers，"Hawala, Money Laundering, and Terrorism Finance：Micro - lending as an End to Illicit Remittance"，Denver Journal of International Law & Policy，Vol. 37，NO. 3，2009，pp. 379 - 417.

［85］国际货币基金组织法律部：《制止向恐怖主义提供资助立法指南》，国际货币基金组织 2003 年工作论文。

［86］Vlatko Cvrtila and Anita Peresin，"The Transformation of Terrorism and New Strategies"，Politička Misao Croatian Political Science Review，Vol. 46，NO. 5，2009，pp. 121 - 139.

［87］孙昂：《国际反恐前沿：恐怖主义挑战国际法》，黑龙江教育出版社 2013 年版。

［88］张家栋：《恐怖主义论》，时事出版社 2007 年版。

[89] 冯菊平、刘争鸣:《金融行动特别工作组年度报告及洗钱/恐怖融资类型研究报告 (2011—2012)》, 中国金融出版社 2014 年版。

[90] 崔虎、宋美玲:《从经济视角看国际恐怖主义》,《国际安全研究》2009 年第 4 期, 第 49—51 页。

[91] Jeroen Gunning, "Terrorism Charities and Diasporas: Contrasting the Fundraising Practices of Hamas and al Qaeda among Muslims in Europe", in Timothy Wittig, "Understanding Terrorist Finance", New York: Palgrave Macmillan, 2011.

[92] U. S. Department of the Treasury, "Treasury Designates Al – Qai'da Finance Section Leader", Aug 24, 2010, https://www.treasury.gov/press – center/press – releases/Pages/tg838.aspx.

[93] Gunaratna Rohan, "Inside Al Qaeda: Global Network of Terror", Columbia: Columbia University Press, 2002.

[94] Hoffman Bruce, "The leadership secrets of Osama bin Laden", Atlantic Monthly, Vol. 291, NO. 3, 2003, pp. 26 – 26.

[95] Levitt Matthew, "Hamas: Politics, Charity, and Terrorism in the Service of Jihad", New Haven: Yale University Press, 2006.

[96] [美] 凯文·弗里曼著, 陈佳译:《反恐慌: 看懂金融恐怖主义》, 湖北教育出版社 2014 年版。

[97] 王沙骋:《网络恐怖主义与对策》, 国防大学出版社 2017 年版。

[98] Jeanne Giraldo and Harold A. Trinkunas, "Terrorism Financing and State Responses: A Comparative Perspective", California: Stanford University Press, 2007.

[99] 曾向红:《全球化、逆全球化与恐怖主义新浪潮》,《外交评论 (外交学院学报)》2017 年第 3 期, 第 130—156 页。

[100] 杨冬梅:《金融网络中洗钱行为分析、识别与监管研究》, 上海交通大学 2008 年学位论文。

[101] Loretta Napoleoni, "Terror Incorporated: Tracing the Dollars Behind the Terror Network", New York: Seven Stories Press, 2005.

[102] 张运成:《全球洗钱犯罪活动综述》,《国际研究参考》2003年第10期,第34—41页。

[103] Louise I. Shelley and John T. Picarelli, "Methods Not Motives: Implications of the Convergence of International Organized Crime and Terrorism", Police Practice & Research, Vol. 3, NO. 4, 2002, pp. 305 – 318.

[104] 金莘、郝敬华:《金融行动特别工作组年度报告及洗钱/恐怖融资类型研究报告（2013—2014）》,中国金融出版社2016年版。

[105] 刘磊:《关于伊斯兰金融发展的理论初探》,《武汉金融》2019年第4期,第72—75页。

[106] Thomas J. Biersteker and Sue E. Eckert, "Countering the Financing of Terrorism", London and New York: Routledge, 2008.

[107] Farrah Douglas, "Al Qaeda's Gold: Following the Trail To Dubai", The Washington Post, February 18, 2002.

[108] 李慧智:《反恐学》,人民出版社2003年版。

[109] 张顺:《中国国家反恐战略研究（2001—2011）》,复旦大学2013年学位论文。

[110] John A. Cassara, "Hide and Seek: Intelligence, Law Enforcement, and the Stalled War on Terrorist Finance", Washington D. C.: Potomac Books, 2006.

[111] "Court Concludes Trial of Alleged Jihadis", Maldives Independent, August 22, 2017, http://maldivesindependent.com/crime-2/court-concludes-trial-of-alleged-jihadis-132169.

[112] 郭勇、赵艳、谢露、王效瑜:《社会组织洗钱风险及国际监管经验启示》,《区域金融研究》2019年第9期,第53—55页。

[113] Freeman Michael, "Financing Terrorism: Case Studies", Farnham: Ashgate, 2012.

[114] Laqueur Walter,"The Age of Terrorism", Boston: Little, Brown and Company, 1987.

[115] [美] 布丽奇特·L.娜克丝,陈庆、郭刚毅译:《反恐原理:恐怖主义、反恐与国家安全战略》,金城出版社2016年版。

[116] [英] 依高·普里莫拉兹编,周展、曹瑞涛、王俊译:《恐怖主义研究:哲学上的争议》,浙江大学出版社2010年版。

[117] Jimmy Gurulé,"Unfunding Terror: The Legal Response to the Financing of Global Terrorism", Cheltenham & Northampton: Edward Elgar, 2008.

[118] Shabib-ul-Hasan Syed and Hina Naz,"Branchless Banking: A Substitute for Hawala System in Pakistan", International Journal of Scientific & Engineering Research, Vol.3, NO.10, 2013, pp.1-6.

[119] [美] 约翰·B.泰勒著,蔡彤娟、柳龙涛译:《全球金融斗士》,中国人民大学出版社2011年版。

[120] Napoleoni Loretta,"Terrorism and the Economy: How the War on Terror is Bankrupting the World", New York: Seven Stories Press, 2010.

[121] 杨隽、梅建明:《恐怖主义概论》,法律出版社2013年版。

[122] The Financial Action Task Force (FATF),"Anti-money Laundering and Counter-Terrorist Financing Measures: People's Republic of China Mutual Evaluation Report", April 2019, http://www.fatf-gafi.org/media/fatf/documents/reports/mer4/MER-China-2019.pdf.

[123] 吴洁、石龙:《黄金市场反洗钱监管的国际比较研究》,《上海金融》2019年第11期,第83—87页。

[124] The Financial Action Task Force (FATF),"Financing of the Terrorist Organisation Islamic State in Iraq and the Levant (ISIL)", February 2015, FATF, http://www.fatf-gafi.org/media/fatf/documents/reports/Financing-of-the-terrorist-organisation-ISIL.pdf.

[125] Gretchen Peters,"Seeds of Terror: How Heroin is Bankrolling

the Taliban and Al Qaeda", New York: Thomas. Dunne Books, 2009.

[126] Karen De Young, "Islamic State was Making $1 Million a Day from Oil Sales before Airstrikes Began", Washington Post, October 23, 2014.

[127] 兰立宏、庄海燕:《论虚拟货币反洗钱和反恐怖融资监管的策略》,《南方金融》2019 年第 7 期, 第 61—68 页。

[128] U. S. Department of State, "State Sponsors of Terrorism", October 15, 2018, https://www.state.gov/state-sponsors-of-terrorism/.

[129] Byman Daniel, "Deadly Connections: States that Sponsor Terrorism", Cambridge: Cambridge University Press, 2005.

[130] 兰立宏:《上海合作组织成员国反恐怖融资情报国际合作研究》,《情报杂志》2018 年第 7 期, 第 7—15 页。

[131] 黄震、邓文初:《民族主义与国家安全: 20 世纪 20 年代中国政局与国际关系》, 团结出版社 2008 年版。

[132] [美] 奥德丽·克罗宁著, 宋德星、蔡焱译:《恐怖主义如何终结: 恐怖活动的衰退与消亡》, 金城出版社 2017 年版。

[133] 安高乐:《"9·11"事件后美国国家安全观与"反恐"》, 时事出版社 2017 年版。

[134] [美] 奥德丽·库尔思·克罗宁, 詹姆斯·M. 卢德斯著, 胡溦、李莎、耿凌楠译:《反恐大战略: 美国如何打击恐怖主义》, 新华出版社 2015 年版。

[135] 刘跃进:《国家安全学》, 中国政法大学出版社 2004 年版。

[136] 本书编委会:《国际恐怖主义与反恐怖斗争年鉴 (2016)》, 时事出版社 2017 年版。

[137] Brisard Jean Charles, "Terrorism Financing: Roots and Trends of Saudi Terrorism Financing", Report Prepared for the President of the Security Council, United Nations, Dec. 19, 2002.

[138] Whitlock Craig, "Afghan Insurgents' Diverse Funding Sources

Pose Challenges", Washington Post Foreign Service, September 27, 2009.

[139] Passas Nikos, "Informal value transfer systems, terrorism and money laundering", Report to the National Institute of Justice, Boston: Northeastern University, 2003, https://citeseerx.ist.psu.edu/viewdoc/download?doi=10.1.1.134.8850&rep=rep1&type=pdf.

[140] 李小华:《金融外交与国家安全》,北京大学出版社 2015 年版。

[141] 陆钢:《金融外交》,福建人民出版社 2000 年版。

[142] 姜英梅:《伊斯兰金融中的政治问题》,《世界宗教研究》2014 年第 5 期,第 148—155 页。

[143] 黄风:《金融制裁法律制度研究》,中国法制出版社 2014 年版。

[144] [美] 查尔斯·利斯特著,姜奕晖译:《"伊斯兰国"简论》,中信出版集团 2016 年版。

[145]《以色列将 163 家慈善组织列入黑名单》,搜狐网转引以色列《国土报》,2011 年 1 月 12 日,http://news.sohu.com/20110112/n278828070.shtml。

[146] Emilie Oftedal, "The Financing of Jihadi Terrorist Cells in Europe", January 6, 2015, https://publications.ffi.no/nb/item/asset/dspace:2469/14-02234.pdf.

[147] 赫凛冽:《谈恐怖组织犯罪的经济来源问题》,《辽宁警专学报》2004 年第 5 期,第 34—36 页。

[148] "Islamic State is a Completely Different Model of Terrorist Financing", World Finance, September 10, 2014, https://www.worldfinance.com/videos/islamic-state-is-a-completely-different-model-of-terrorist-financing-video.

[149] [美] 乔比·沃里克著,钟鹰翔译:《黑旗:ISIS 的崛起》,中信出版社 2017 年版。

[150] 潘寅茹：《伊拉克摩苏尔"解放了" 中东反恐势头更劲》，《第一财经日报》，2017年7月11日。

[151] 姜威：《反洗钱国际经验与借鉴》，中国金融出版社2010年版。

[152] Global Witness, "For a Few Dollars More: How Al Qaeda Moved into the Diamond Trade", London: Global Witness, April 17, 2003.

[153] Farah Douglas, "Al Qaeda's Road Paved with Gold", The Washington Post, Feburary 17, 2002.

[154] Reeve Simon, "The New Jackals: Ramzi Yousef, Osama Bin Laden and the Future of Terrorism", Boston: Northeastern University Press, 1999.

[155] Jacquard Roland, "In the Name of Osama Bin Laden: Global Terrorism and The Bin Laden Brotherhood", Duke: Duke University Press, 2002.

[156] 雷家骕：《国家经济安全》，清华大学出版社2011年版。

[157] 胡联合：《全球反恐论》，中国大百科全书出版社2011年版。

[158] [英] 艾瑞克·霍布斯鲍姆著，吴莉君译：《霍布斯鲍姆看21世纪》，中信出版社2010年版。

[159] Segallar Stephen, "Invisible Armies: Terrorism into the 1990s", London: Michael Joseph ltd, 1986.

[160] 张娟：《恐怖主义在欧洲》，世界知识出版社2012年版。

[161] 朱丽：《外资流入与发展中国家经济安全》，中国财富出版社2014年版。

[162] Brisard Jean Charles and Damien Martinez, "Islamic State: The Economy – Based Terrorist Funding", Thomson Reuters Accelus, 10 February, 2015, http://www.gdr-elsj.eu/wp-content/uploads/2015/11/Islamic-State.pdf.

[163] 江涌：《安全也是硬道理》，人民出版社2015年版。

[164] Kaldor Mary, "New and Old Wars: Organized Violence in a Global Era", Cambridge: Polity Press, 2012.

[165] Somali Pirates, "Islamist Insurgents Demand Weapons from Hijacked Ship", The Daily Telegraph, Oct. 5th, 2008.

[166] Winer Jonathan, "Origins, Organization and Prevention of Terrorist Finance", Testimony before the US Senate Committee on Governmental Affairs, July 31, 2003, http://www.iwar.org.uk/cyberterror/resources/terror-financing/073103winer.htm.

[167] The Islamic Financial Services Board (IFSB), "Islamic Financial Services Industry Stability Report", Kuala Lumpur, 2017.

[168] 刁海洋:《美空袭销毁"伊斯兰国"大笔现金 价值达数百万美元》,中国新闻网,2016年1月12日。

[169] 温海燕:《恐怖融资与涉恐资金监测分析路径及方法》,《武警学院学报》2017年第3期,第82—86页。

[170] 徐龙炳:《国民经济安全研究》,复旦大学出版社2007年版。

[171] 方金英:《穆斯林激进主义:历史与现实》,时事出版社2015年版。

[172] 苏潇:《新型恐怖融资风险及对策建议》,《金融经济》2017年第18期,第3—4页。

[173] 黎友焕:《揭秘地下钱庄》,经济日报出版社2011年版。

[174] Rukmini Callimachi, "Paying Ransoms, Europe Bankrolls Qaeda Terror", New York Times, July 29, 2014, https://islamspring2012.voices.wooster.edu/wp-content/uploads/sites/192/2018/09/Callimachi_Paying-Ransoms-Europe-Bankrolls-Qaeda-Terror-NYTimes-1.pdf.

[175] 姚耀:《洗钱内幕:谁在操纵日本地下金融》,人民日报出版社2012年版。

[176] [美]埃里克·施密特、汤姆·尚卡尔著,洪漫译:《反恐秘密战:美国如何打击"基地"组织》,新华出版社2015年版。

[177] 张伶、张洋:《俄罗斯反洗钱与恐怖融资战略及启示》,《上海公安高等专科学校学报》2012 年第 4 期,第 18—20 页。

[178] 杜金富:《部分国家(地区)反洗钱/反恐融资规定选编》,中国金融出版社 2013 年版。

[179] 梁立峥、李志鹏:《反恐融资法治实践的国际经验与启示》,《江南社会学院学报》2018 年第 1 期,第 40—47 页。

[180] 戴艳梅:《俄罗斯反恐体系研究》,时事出版社 2015 年版。

[181] 柳剑平、刘威:《美国对外经济制裁问题研究》,人民出版社 2009 年版。

[182] 贾科:《FATF 标准的新变化及我国金融反洗钱/反恐融资应对策略分析》,《华北金融》2014 年第 4 期,第 56—58 页。

[183] 李伟:《洗钱方法研究》,《山东警察学院学报》2001 年第 5 期,第 31—35 页。

[184] 中国现代国际关系研究所反恐怖研究中心:《世界主要国家和地区反恐怖政策与措施》,时事出版社 2002 年版。

[185] Bokhari F., "Pakistan Takes a Grip on Money Transfers", The Financial Times, May 21, 2012.

[186] Colin P. Clarke, "ISIS is so Desperate it's Turning to the Drug Trade", July 25, 2017, https://www.rand.org/blog/2017/07/isis-is-so-desperate-its-turning-to-the-drug-trade.html.

[187] 中国现代国际关系研究所:《恐怖主义与反恐怖斗争理论探索》,时事出版社 2002 年版。

[188] Moises Naim, "Illicit: How smugglers, traffickers and copycats are hijacking the global economy", New York: Random House, 2010.

[189] 汪川:《恐怖组织在网络空间的威胁评估》,《中国信息安全》2017 年第 9 期,第 64—67 页。

[190]《全球最大资产管理公司:CEO 比特币只是"洗钱指数"》,新浪财经转引 CNBC 报道,2017 年 10 月 16 日,http://finance.sina.

com. cn/stock/usstock/c/2017 - 10 - 16/doc - ifymvuyt1517606. shtml。

［191］周艾琳：《专访盛松成：虚拟货币本质上不是货币，应对 ICO 适度风险警示》，《第一财经日报》，2017 年 7 月 7 日。

［192］Treverton G. E. and C. Matthies eds，"Film Piracy, Organized Crime and Terrorism"，Santa Monica：RAND Corporation，2009.

［193］Jeremy M. Simon，"Study：Terrorists Pay with Credit Cards"，CreditCards. com，October 1，2008.

［194］Bryan Bender，"US Car Theft Rings Probed for Ties to Iraq Bombings"，The Bostion Globe，October 2，2005. http：//archive. boston. com/news/world/articles/2005/10/02/us_car_theft_rings_probed_for_ties_to_iraq_bombings.

［195］磨惟伟：《虚拟货币应用衍生新型网络犯罪及其治理策略》，《中国信息安全》2017 年第 8 期，第 84—88 页。

［196］郝琦：《浅论恐怖主义融资》，《东方企业文化》2013 年第 13 期，第 188 页。

［197］陈立彤：《汇丰银行冤不冤》，《财新周刊》2016 年第 50 期，第 9 页。

［198］张曙光：《经济制裁研究》，上海人民出版社 2010 年版。

［199］《总体国家安全观干部读本》编委会：《总体国家安全观干部读本》，人民出版社 2016 年版。

［200］杨亚强：《暗网恐怖主义应对路径探析》，《江西警察学院学报》2017 年第 4 期，第 55—60 页。

［201］康华平：《国家安全视角下的金融发展与改革》，中国金融出版社 2016 年版。

［202］何秉孟：《金融改革与经济安全》，社会科学文献出版社 2007 年版。

［203］田华：《虚拟货币洗钱风险研究及对策》，《华北金融》2017 年第 11 期，第 54—59 页。

[204] 张吉龙:《IS 通过比特币洗钱　黑客曝光其一个账户价值 300 万美元》,《澎湃新闻》,2015 年 11 月 19 日。

[205] 肖洋:《"伊斯兰国"的暗网攻势及其应对路径》,《江南社会学院学报》2017 年第 1 期,第 19—23 页。

[206] 俞光远:《反洗钱的理论与实践》,中国金融出版社 2006 年版。

[207] [美] 哈里·亨德森著,贾伟等译:《全球恐怖主义:完全参考指南》,中国社会科学出版社 2003 年版。

[208] [英] 加利·克莱德·霍夫鲍尔、杰弗里·J. 莫斯特等著,杜涛译:《反思经济制裁》,上海人民出版社 2011 年版。

[209] 范玉民:《对我国反恐融资工作的思考》,《经济与金融》2016 年第 7 期,第 94—96 页。

[210] 杨隽、梅建明:《恐怖主义概论》,法律出版社 2013 年版,第 192 页。

[211] Michael Freeman, "The Sources of Terrorist Financing: Theory and Typology", Studies in Conflict & Terrorism Vol. 34, NO. 6, 2011, pp. 461 - 475.

[212] U. S. Department of State, "2009 International Narcotics Control Strategy Report", https://2009 - 2017. state. gov/j/inl/rls/nrcrpt/2009/index. htm.

[213] 张万洪:《人权视角下的中国金融反恐法律机制》,《西南政法大学学报》2019 年第 12 期,第 47—59 页。

[214] U. S. Department of the Treasury, "Remarks of Deputy Assistant Secretary for Terrorist Financing Jennifer Fowler at the Washington Institute for Near East Policy on US Efforts to Counter the Financing of ISIL", 10 February 2015, www. treasury. gov/press - center/press - releases/Pages/jl9755. aspx.

[215] Joseph Farah, "Al - Qaida South of the border", World Net

Daily, February 16, 2004, www.wnd.com/2004/02/23290.

[216] The Financial Action Task Force (FATF), "Terrorist Financing Typologies Report", February 29, 2008. http：//www.fatf-gafi.org/publications/methodsandtrends/documents/fatfterroristfinancingtypologiesreport.html.

[217] 穆撒:《西部"游戏规则":甘肃毒品状况调查》,《瞭望东方周刊》2004 年第 44 期,第 28—30 页。

[218] Timothy Wittig, "Understanding Terrorist Finance", New York: Palgrave Macmillan, 2011.

[219] 温海燕:《恐怖融资与涉恐资金检测分析路径及方法》,《武警学院学报》2017 年第 3 期,第 82—86 页。

[220] 俄外交部:《IS 试图通过中东银行投资欧洲项目》,凤凰财经援引俄罗斯卫星网 2017 年 6 月 8 日的报道,http：//finance.ifeng.com/a/20170608/15438168_0.shtml。

[221] The Financial Action Task Force (FATF), "Report on Money Laundering Typologies", 14 February 2003, p.22, http：//www.fatf-gafi.org/documents/documents/moneylaunderingtypologies2002-2003.html.

[222] Oliver Burkeman, "US 'Proof' over Iraqi Trucks", Clunrdian, March 7, 2002.

[223] U.S. Department of the Treasury, "Terrorist Finance Tracking Program: Fact Sheet", August 2, 2010, https：//www.treasury.gov/resource-center/terrorist-illicit-finance/Terrorist-Finance-Tracking/Documents/TFTP%20Fact%20Sheet%20revised%20-%20(8-8-11).pdf.

[224] "Shahzad Pleads Guilty to NYC Bomb Attempt", CBS News, June 21, 2010.

[225] "Hawala and Underground Terrorist Financing Mechanisms", Hearing Before the Subcommittee on International Trade and Finance of the

Committee on Banking, Housing, and Urban Affairs, November 14, 2001.

[226] "Narco – Terror: The Worldwide Connection between Drugs and Terrorism", Hearing Before the Subcommittee on Technology, Terrorism and Government Information on the Committee of the Committee on the Judiciary United States Semate One Hundred Seventh Congress, March 13, 2002.

[227] Mattew Levitt, "Charitable Organizations and Terrorist Financing: A War on Terror Status – Check", The Washington Institute, March 19, 2004.

[228] Bryan Denson, "Ashland Islamic Charity Seeks Removal from U. N. List of Entities Associated with al – Qaida", Oregon Live. com, August 30, 2013.

[229] John Diamond, "Terror Funding Shifts to Cash", USA Today, 18 July, 2006.

[230] United States General Accounting Office, "Terrorist Financing: U. S. Agencies Should Systematically Assess Terrorists'Use of Alternative Financing Mechanisms", November 2003, http://www.gao.gov/assets/250/240616.pdf.

[231]《二十国集团领导人杭州峰会公报》，中国外交部，2016 年 9 月 6 日，https：//www.fmprc.gov.cn/web/zyxw/t1394916.shtml。